分化与融合

丁洁 著

——社会转型期的中国广播

A Research on Radio
and Society Interaction
in Transitional China

武汉大学出版社

WUHAN UNIVERSITY PRESS

图书在版编目(CIP)数据

分化与融合:社会转型期的中国广播/丁洁著. —武汉:武汉大学出版社,2016.4

ISBN 978-7-307-17712-3

Ⅰ.分… Ⅱ.丁… Ⅲ.广播事业—发展—研究—中国 Ⅳ.G229.2

中国版本图书馆 CIP 数据核字(2016)第 065092 号

责任编辑:胡 荣 责任校对:汪欣怡 版式设计:马 佳

出版发行:**武汉大学出版社** (430072 武昌 珞珈山)
(电子邮件:cbs22@ whu.edu.cn 网址:www.wdp.com.cn)
印刷:武汉中远印务有限公司
开本:720×1000 1/16 印张:12.75 字数:184 千字 插页:1
版次:2016 年 4 月第 1 版 2016 年 4 月第 1 次印刷
ISBN 978-7-307-17712-3 定价:28.00 元

前　言

改革开放 30 多年来，伴随着中国社会持续、深刻的转型过程，广播在起起伏伏中自适应并作用于社会变革。这种社会变迁过程呈现多元而丰富的特点，在最终走向整合的趋势下，分化与整合过程交织并存。广播发展与社会转型呈现怎样的关系，有着 90 多年历史的广播是否还能适应现代社会的变迁？在整合型社会到来时，如何利用广播作为社会塑成型媒体的优势与特性？这些问题的回答，对今天仍处于弱势地位的广播与广播研究而言具有深远的现实与理论意义。

本书从转型期社会变迁过程中当代中国广播发展的现象出发，在理论框架下，采用多维视角，既有横向比较，又有纵向观察，注重案例研究，梳理出转型期中国广播发展路径。

导论部分介绍问题的缘起，提出本书研究的核心问题，对国内外研究进行评述，并且提出了本书的研究思路、结构安排和研究方法。

第一章从政策视角出发，指出传媒系统是社会政治体系中的一个组成部分，从本质来说，中国的大众传媒是政府规制下的组织，国家通过政策和政治作用影响着大众传媒，在这一过程中，因中国广播的属性特征和发展沿革，其角色功能的分化与变迁被打上了鲜明的烙印。

第二章从市场经济的视角分析广播经营发展与社会经济因素的关系。根据阿诺德·汤因比的"挑战—应战"模式，30 多年来中国广播乃至整个传媒业经营管理改革的历程也可以看做是挑战和应战的过程。虽然，中国传统新闻媒体的经营管理改革看起来是应对政府支出的冲击，但国家调控媒介经营管理制度、法规、政策的挑战

1

主要来自两个方面，一是包括传媒经济在内的经济全球化的逐步推进和以互联网新技术为重要内容的传播技术的飞跃发展与传统调控方式的适应问题；二是对媒体的政治约束保持相当硬度与国家财力制约下的对媒体的经济约束适度软化的平衡问题。本章从横向与纵向两个维度对广播经营管理的发展轨迹进行梳理和比较，分析了广东电台 30 多年以经营求发展的实例，归纳出我国广播经营发展的环境制约因素与对策。

专业化是研究中国广播的一个重要视角，第三章对广播专业化在中国的出现与发展进行了分析，指出多元发展的社会将广播带入了专业化发展的巨大变革之中。这一章分析了广播专业化发展的社会基础、其与社会发展的现实图景、专业化发展的环境制约因素，并用中国专业广播发轫者经济广播的现实困境为案例，分析了整个广播专业化与社会变革的适应与不适应过程。

第四章从社会结构变迁的角度分析当代中国广播听众变化与社会发展的关系，即传播的终点，从受众视角出发就是从人的角度对传播与社会关系的认识。本章提出改革开放 30 多年来的中国社会是社会阶层急剧变化的时期，这一时期中国由一个封闭的社会转变成一个人口流动的社会，水平流动和垂直流动在社会阶层间成为普遍现象，社会中间阶层等新的社会阶层出现，一些已有的社会阶层出现分化。受众在价值观念、社会需求、审美趋向、社会心态等方面发生巨大改变与分化。作为社会现实变化的敏锐风向标——媒体，在这一社会变迁过程中成为社会变化的直接表达者，又因为受众群体变迁的影响而发生传播理念、传播方式、传播效果等的改变。在这一过程中，媒体应该也有责任成为社会变迁的推动者和瞭望者。

第五章则从技术层面出发，指出技术对媒介发展的推动作用向来不容忽视，新技术的诞生和应用，极大地改变了现有的传播格局，改变了人们的传播方式，现代传播新技术的产生给大众传播媒介带来了划时代的变化。在新技术条件下，广播不再是单一的地区媒介、声音媒介，而成为能传播处理文字、声音、图像等多种信息符号，能包容各个层次类型、多领域的信息传播系统。广播与技术、广播与受众、广播与其他媒介之间的界限日益模糊。这一章重点探讨了技术将如何架构未来广播的信息传播系统，广播将如何适应新技术条件下的传播方式，政策和规制会对新广播的发展产生什么样的影响等几大问题。

　　在结语部分，本书指出当中国社会进入一个由分化的结构化、定型化社会向社会治理力度加大、趋于整合的社会转型的进程后，广播这一传统媒体也随之发生着变迁。这种变迁过程呈现的特点多元而丰富，但有一个共同的指向，就是融合。有形态上的，如广播与手机、网络等新媒体的融合，产生手机广播、微电台、网络广播等；有结构上的，如各种类型的各地广播电台之间的联盟；有功能上的，如社会整合功能的社区广播、新闻广播等。社会呼唤着整合型媒体的出现，今天，在媒体竞争中依然处于弱势地位的广播，已经显示出其作为社会塑成型媒体的优势与特性，这也许将成为广播今后发展的方向和契机。

目　　录

导　　论

　　改革开放 30 多年来，中国社会经历着一场前所未有的社会转型，其"影响之深、范围之广、转型之彻底，都是历史上任何一次社会转型不可比拟的。它不仅仅是从农业社会向工业社会的转型，从'以阶级斗争为纲'的社会向'以经济建设为中心'的社会转型，从计划经济体制占主导地位的社会向以市场经济占主导地位的社会的转型，也是一个从同质性社会向异质性的多样性的社会的转型，从封闭型社会向开放型社会进而融入全球一体化格局的转型，从伦理型社会向制度型、法治型社会的转型，从传统社会向现代社会的转型"①。

　　第一，在社会持续、深刻的转型过程中，中国总体性社会发生了全方位的分化，这种分化发生在社会群体、阶层、产业、地域等各个方面，社会组织、社会制度、社会主体，以及组成社会的成员身份、个人认知、社会人格等都处在不确定的状态之中。在这个由"传统"社会向"现代"社会转化的过程中，社会结构开始分化，社会机构与组织之间的专业化和相互依赖的程度提高，社会迁移和流动加大，人口向城市集中，科层制普遍发展，传统家庭和亲属关系的功能缩小。"社会环境中存在的变动和冲突越多，个人面临的不确定性也越多。不确定性促使人们搜索信息，来认知社会生活正在发生些什么，而传媒系统拥有丰富的资讯，正是信息搜集活动的一

---

　　① 李强. 社会转型时期的中国社会分层结构[M]. 哈尔滨：黑龙江人民出版社，2002：6.

个必要资源。"①

传播分化与社会分化几乎同步发生，两者互为因果。基于社会结构和阶层的分化，作为大众政治、经济利益表达平台的大众传媒，也随着社会的分化而分化。广播大众传媒角色的回归、广告的恢复和发展、四级办广播电视体制、广播专业化兴起等一系列转型与分化即是对社会分化的反映。同时，传播分化也促进了社会的分化和社会空间的重构。比如在传播学"创新—扩散"理论中，新技术和新知识的创新扩散会引起富者和穷者之间的更大差距。公众视线随着媒介"探照灯"移动，大众媒介成为社会生活的情景地图。

第二，社会转型进入特定时期后，社会分化与整合状态交织并存，当社会多层分化进入结构化，分化所引发的矛盾日益激化，社会就开始进入了以整合为主的时期。世纪之交，广播电视媒介领域开始大举组建集团，从1999年无锡广播电视集团起，到2006年我国一共有24家广电集团或总台成立。而从1998年前后开始，我国大量缩减电台电视台数量，到2002年延续多年的四级办广播电视基本停止，省市县电台电视台通过合并撤销完成了数量和内容上的整合。

综观广播在转型期中国发展的轨迹，分化与整合交织前行是其主要路径。

第一节　选题的背景与意义

广播作为大众传播媒介不仅是中国社会现代化的参与者、记录者，而且在与社会总系统的互动中，通过其设置议程、塑造现实、构建自身，推动了中国社会现代化的脚步。正如丹尼斯·麦奎尔（Dennis Mcquail）所说的那样，广播"是使我们看到身外世界的窗口，是帮助我们领悟经历的解说员；是传送信息的站台或货车；是

---

① ［美］鲍尔·洛基奇，郑朱泳. 从"媒介系统依赖"到"传播机体"［J］. 王斌，编译. 国际新闻界，2004（2）.

去伪存真的过滤器；是使我们正视自己的明镜"①。也如美国学者约书亚·梅罗维茨(Joshua Meyrowitz)所说："媒介如管道，又如语言，还如环境。"广播之于中国，从20世纪20年代，上海十里洋场的喧嚣与繁华，到20世纪40年代延安时期的激情与战斗，到20世纪80年代改革开放前沿广州深圳地区的探索与奋起，到21世纪初成为世界第二大经济体国家的底气与骄傲。90年间，中国社会的光荣与梦想，屈辱与希望，民族的复兴与崛起，国人的喜怒哀乐、困惑挣扎都在广播这一大众媒介投射与传播；同时，社会的转型发展也生出广播一个接一个新的媒介环境土壤，使之发挥着一个又一个新的角色功能。安东尼·吉登斯(Anthony Giddens)认为："在现代性条件下，媒介反而在某些方面塑造现实。"②

20世纪80年代到90年代初，是中国蓬勃发展、遍地开花的黄金发展期；20世纪90年代到21世纪之交，广播在电视与网络的双重挤压下跌入徘徊低谷期；21世纪以来，随着私家车数量和移动收听载体(如手机、MP3、MP4等)的增多，中国广播进入深层发展期。特别是改革开放以后的30多年，广播经历了脱胎换骨的转型，广播角色从党的喉舌到新闻信息传播者再到听众本位、受众中心的传媒，广播种群从单一到多元，广播市场领跑者交替接棒，广播受众从板块化的模糊面孔到高度分化、精细多元的受众媒体，广播的媒体属性由单一的传统媒介向多媒体一体化的融媒体转化，广播在自身转型、分化的过程中，以其媒介权力和媒介能量加剧着社会转型、结构调整和社会阶层的分化，影响着社会成员的生活方式、价值观念、生活质量、社会行为等，社会的发展变化又推动着广播发展蜕变与演化，发生角色、种群(专业)、受众、产业等方面的分化。

今天的中国已经迈入了全新的发展阶段，广播的生存和发展也

---

① [美]斯蒂文·小约翰. 传播理论[M]. 陈德民，叶晓辉，译. 北京：中国社会科学出版社，1999：575.

② [英]安东尼·吉登斯. 现代性与自我认同[M]. 赵旭东等，译. 北京：三联书店，1998：29.

必然面临着新一轮的转型与变革。随着私家车收听群体的壮大和移动收听介质的增加，广播看似已经进入深层发展期，但是在网络等新媒体的冲击和电视挤压的局面下，广播依然是不争的弱势媒体，曾经与广播同样遭受困顿的报纸已经通过一轮又一轮报业集团化改革和多媒体融合发展进入重振雄风的阵营，广播发展的前路如何应当成为当今业界、学界、管理界思考的问题。遗憾的是，今天，这样的思考与研究并不多见。因此，在这样的背景下，研究当代中国广播与社会发展互动的现象，探索两者互动的路径，呈现和揭示广播生态演进的问题及解决问题的策略选择，就具有了重要的理论与现实意义。

生态环境是媒介赖以生存的基础，广播生态环境包括广播、受众、经济、社会这个复合生态系统的协调发展和整体生态化，如同对中国社会发展路径的瞩目一样，广播如何在社会转型中走向复苏与繁荣，实现广播与社会的共同演进、和谐发展、共生共荣。这乃是广播业界和学界多年来苦苦追寻和探索的，涉及媒介发展、媒介生态演进、媒介与转型中的社会互动等媒介研究的核心问题。

在实践上，对这一问题的研究可以通过考察广播与政策、经济、受众、社会结构分化、新技术等的互动，努力为广播媒介与产业发展提供战略与思考。在政策层面，建设和谐社会、发展文化生产力，在全球媒介语境中树立中国形象，广播都具有不可替代的媒介优势；最近几年，国家广播总局先后提出"广播发展年（2003 年是广播发展年）、数字发展年、产业发展年"和"农村服务年"等举措，这是改革开放以来的第一次，拓展了 21 世纪广播的发展空间。2007 年，党的十七大提出科学发展观，全面推进经济建设、政治建设、文化建设和社会建设，2011 年 10 月 18 日闭幕的十七届六中全会首次以文化命题，更在国家宏观政策层面为文化事业的发展开辟了广阔空间。在经营层面，1979 年 3 月 5 日新时期首个广播广告"春蕾药性发乳"播出，广播经营从零起步到不断探索产业化集团化道路。在受众层面，当中国从一个封闭社会转变成一个流动的社会，社会的生活方式体现为独立、流动、快速和社会化，社会成员之间相互陌生却又容易因相同特征、价值观形成族群，人的情感容易迷失、躁动与不安，对媒介更加依赖，形成多元的媒介发展格局和媒介需求，于是广播专业化兴起并发展壮大。在技术层面，进入21世纪，随着数字广播、手机广播、网络广播等新广播形态纷纷涌现并逐步占领市场，广播似乎正走出一条新路。

大众传媒作为推动社会转型的重要行业，其自身的转型与升级在中国改革开放的计划序列表上始终没能占据优先地位，具有被动性，行政限制、壁垒重叠的情况依然存在，而新的需求和矛盾又在凸显，如广播在公益性质与市场利益之间两难，多介质环境下广播的生存之道等问题。广播既要适应新的需要，又要在克服旧有矛盾中艰难前行，如何改变过去单一功能，满足多层次的媒介需要，如何在社会转型与媒介发展中凤凰涅槃，调整广播角色、广播制度、广播种群，实现产业优化升级，广播面临着艰难的转型。探索广播与社会互动路径，探寻导致这些问题的原因，进而分析解决这些问题，或许可以为广播发展寻找战略思路。

在理论上，为丰富媒介与社会互动理论，特别是为广播与社会互动理论提供一定的帮助。传媒与社会发展的关系历来密切，使之成为研究"发展"问题不可缺少的因素，传播的内容存在于人类的主要发展理论和发展模式中，传媒决定着传播活动的效率和效力。传媒几乎与人类的产生、发展同步，传媒变革过程折射出人类文明的发展，促进了社会的变革。

改革开放30多年以来，在社会转型进程中，中国广播在广播种群、广播产业、广播角色、广播受众等方面亦呈现出不同程度的分化和整合，这一段活生生的历史是丰富的研究资源。然而，由于广播长期的弱势媒体地位，对广播的研究数量少、质量不高，对广播与社会互动的研究更不多见，这一现象无疑于广播实践和理论发展都不利，本书在大量实践经验和一手调研资料积累的基础上，通过活生生的案例与理论的结合，对当代广播发展与社会互动及机制调节的研究，思考其内在传播逻辑与规律，为传播与社会互动理论的丰富提供一些努力。

此外，对社会转型背景下广播发展演进的研究，涉及传播学、广播学、社会学、信息学、经济学等诸多学科领域。特别是在今

天，媒体的多载体化、传播全球化及信息的数字化等趋势下，广播
出现了多元化、复杂化、数字化等多种形态，原有的传媒秩序和传
播系统正在发生大的变革、汇流和整合。在这样的背景下，对当代
广播与社会互动的分析，对相关学科建构也有着积极的意义。

第二节　相关研究综述

从传播学来看，1948 年由维纳所奠基的控制论提出了一个最
重要概念，就是控制论模型中的反馈（feedback）部分，信息接收者
回应发送者的信念、态度、能力以及手段发展成为今天诸多的"互
动"研究。

对改革开放 30 多年来中国广播分化与融合演进的研究是基于
广播学、传播学、社会学范畴以及当代广播发展实践的一项复杂工
作，涉及社会发展的政治、经济、文化、技术等诸多方面。其立足
点在于对广播形态与其发展应变走向的深层次观察与剖析。其中既
有对当代广播发展实践的近距离观察，也应该基于对现有文献的梳
理和研究。

本书所观察的改革开放以来的 30 多年，正是广播电视研究蓬
勃开展的 30 年。但是，一段时间以来，对广播这个原本区别于报
纸、电视独立存在和运行的行业的关注和研究往往被简单笼统地归
并在"广播电视"的概念和思维框架中，做粗放和笼统的表述。这
种现象的出现和广播电视业界发展状况相呼应，尤其是 20 世纪 90
年代到 21 世纪初的前 10 年间，电视跃居"第一大众传媒"的位置，
将研究者的注意力较多地吸引到了电视领域，对广播的研究进入相
对沉寂的阶段。到 21 世纪的头十年，广播研究才逐渐开始增多，
其中的原因与整个经济社会快速发展、技术进步、广播行业转型复
兴直接相关。

从现有文献来看，文献数量和学术水平总体上还都呈现稳步提
高、繁荣发展的势头，但将当代广播发展放之当今社会转型视野下
进行互动研究的文献非常少。因此，对此问题的文献梳理需要分解
到对广播角色、广播种群、广播产业、广播受众、广播规制等层面

的研究文献和对传媒与发展关系研究的文献当中。在文献研究中，业界人士和研究学者们对此类问题的研究呈现出两极分化的特点：一是对广播研究没有摆脱经验总结的性质，不少研究者对广播理论问题的研究往往是从其所在电台的实践工作经验出发进行的总结，思辨性与学理性欠缺；二是对传媒与社会发展的研究大多没有传媒发展实践的近距离观察而单纯从理论层面进行阐释，再者对处于急剧变化的社会发展时期的广播研究，缺乏历史观，在社会变化的宏观背景下剖析广播以及发展的研究较少。

但是，业界和学者们对广播形态变化、广播类型、广播改革等方面的研究客观上反映了广播在社会发展、社会变迁过程中对自身调适与发展的主观需求与客观实践，实际上对研究广播与社会互动以及机制的嬗变有着重要的促进作用。可以帮助我们梳理 30 年来广播发展的形势，探究社会变迁与广播发展的作用与反作用，并以此为基础建立一个新的广播研究视角。

一、对广播基础理论及操作技术层面的研究

这方面的研究主要集中在对广播专业化、广播类型化、广播基础理论研究、广播节目设置、广播节目主持人研究等具体方面，其中包括：

1. 对广播优势、功能、影响力等广播基础理论的研究

在中国，广播长期以来就是一个区别于报刊、电视而独立存在和运行的行业，对广播独立特性的研究，换言之，对广播优势、功能、影响力的研究从来就是广播基础研究的重点。无论在广播繁荣之时，抑或是跌入谷底之际，广播的"移动伴随性"一直是研究者们关注的焦点，尤其是在 21 世纪初期，随着私家车数量的增多，移动收听人群的培育形成，广播的"移动伴随性"使之成为广播"王者归来"的重要武器。

2006 年，黄泽艺在《抢占无竞争空间，做活交通广播》一文中认为"移动性和伴随性就是广播最主要的无竞争空间"，"广播的优势是迅速、可移动收听和伴随收听，相对于报纸和电视而言，这是广播最主要的无竞争空间"。该文认为，"在目前的技术条件下，

在相当长一个时期内，移动性、伴随性仍然是广播独有的、无法被其他媒体所取代的无竞争空间"，交通广播在争夺无竞争空间方面具有绝对的优势，在21世纪，交通广播应该针对目标听众明确定位，继续提高交通广播的社会影响力。这篇文章从广播的特性出发，对广播的发展进行了分析和思考，观点新颖。

赵柏华的《研究移动收听，挖掘移动市场》是基于厦门地区移动收听群体调查的实证研究，同样得出"移动性和伴随性收听"是"广播独特优势"的结论，而且具体定位了广播的移动收听群体是25~39岁的社会活跃阶层。潘力的《受众移动化到媒体移动化——交通广播的发展空间》一文从受众需求的角度出发进行分析，指出受众（移动群体）对广播媒体的需求是由"受益心理，希望获取实用信息"、"求知心理，希望获取新闻信息"和"休闲娱乐心理，希望听到轻松愉悦的文艺节目"三大心理动机所致。

2008年南方雨雪冰冻天气和汶川地震等重大突发事件颠覆了人们对媒介的传统认知，广播在突发灾害中的特殊功能和突出表现让研究者们纷纷从广播的快捷性优势、便携性优势这些广播的功能等角度对广播发展中的这一现象进行解读。如《论广播在突发事件中凸显的优势》（卜涛，《新闻天地》论文版，2008.7）、《在灾害报道中如何凸显广播优势》（徐晖，《现代视听》，2008.8）、《突发灾害中广播媒体的功能分析与问题反思——以2008年南方冰雪灾害中〈爱心守望，风雪同行〉特别节目为例》（韩鸿，《国际新闻界》，2008.4）、《社会抚慰、社会组织与社会动员：广播电台在地震灾害中发挥的特殊功能与启示》（刘平，《新闻界》，2008.8）等都从以上几个角度对广播呈现的变化进行了解析。

2. 对广播专业化的研究

广播专业化发展开端于20世纪80年代，从珠江经济广播电台创造的"珠江模式"，到20世纪90年代的"系列台热"，再到21世纪新闻广播、老年广播等专业广播的异军突起，广播专业化发展是一个绕不过的现象。对广播专业化的研究在21世纪得到了进一步的发展，这方面的研究文章和著作较多，其中既有对广播专业化发展的目的、意义等宏观层面的研究，又有对频率专业化的具体操作和策略等中观层面的研究，还有以某一领域专业化电台为例进行深入分析的具体研究。

由于在这一时期，广播频率专业化朝着纵深方向发展，呈现出新的特点，如在发展理念上，由频率专业化向类型化转变；在运行拓展上，向信息传播优势拓展；在节目制作上，向构建节目合作网转化；在内容经营上向信息增值服务发展。因此，对频率专业化的研究也出现了新的变化。

首先，倾向于从整体上对频率专业化进行思考。汪良在《北京电台专业化办台的思考》（《新闻与写作》，2002.7）一文中以北京电台的专业化实践为例，提出了频率专业化在"制定游戏规则、规范内容"、"目标听众群体建设"等方面的问题。降巩民在《服务意识的体现是广播专业化的本质》一文中明确提出了"服务意识"是广播专业化的本质。他认为，广播专业化发展的目的是"对媒体客观属性和宣传功能的重新认识"；"服务意识的增强，是广播人思想观念的一次嬗变"；广播"可以通过多种手段为受众服务，获得良好的社会效益"；"在为受众服务的同时，自身也可以获得经济效益的回报"。该文中还指出广播专业化包括"内容专业化"和"对象专业化"，这对于拓展广播专业化的内涵、认清其本质具有重要作用。从整体上对广播专业化进行思考的文章还包括：孙孔华、谭奋博的《频率专业化——广播与时俱进的必由之路》（《中国广播电视学刊》，2002.10）、华志广的《广播与窄播——对专业化办台的思考》（《视听界》，2002.10）、李海军的《广播专业化发展新趋势》（《青年记者》，2009.10）。

其次，从中观层面对频率专业化的具体操作和策略层面进行的研究。杨波的《频率专业化，管理频率化——中央人民广播电台运行模式的改革》（《中国记者》，2003.1）一文提出运作频率专业化的全新理念，也就是要"频率专业化，管理频率化"。赵志娟的《树立三种意识，掌握两个度——广播频率专业化应注意的几个问题》（《中国广播电视学刊》，2008.4）一文分析了广播频率专业化应该注意的问题，提出广播专业化应该树立"科学调研意识"、"听众服务意识"、"品牌经营意识"，"把握好经济效益与社会效益的关系度"和"专业化程度"。刘兰的《广播频率专业化建设》一文对广播专业化建设进行了总体思考。该文认为，频率专业化是市场细分理论引入广播的再认识，必须处理好"阵地意识与市场意识的关系"，"受众需求与正确引导的关系"、"专业频率定位与为受众服务的关系"；文中同时提出了频率专业化的发展路径，即"频率定位要准确合理"，"个性离不开共性"，"优化频率整体结构"，"加强队伍建设，培养专家型主持人"。

3. 对广播类型化的研究

类型化广播仍处于探索阶段，对类型化广播的研究主要集中在对类型化广播的概念、内涵、意义、条件以及基本原则和理念的思考，类型化广播在中国的发展情况以及类型化广播发展的定位、策略和技巧等方面。

罗以澄在《类型化：广播的市场突围之道》一文中指出："在我国加入 WTO 之后开始导入的类型化广播，是对频率专业化的进一步创新，专业化以节目内容为基点对市场进行细分，而类型化是在专业化的基础上，以听众人群为基点对市场进行再细分。"①刘福瀛则认为，"类型化电台是市场经济发展到一定阶段的产物"，"是广播电视激烈竞争的结果"②。

对类型化广播在中国发展定位、策略和技巧的研究更倾向于通过务实的模式建构和市场经济的手段使类型化广播达到受众规模的最大化。覃信刚在《类型化电台的定位》一文将类型化广播的定位分为"模式定位"、"目标受众定位"、"节目定位"、"技术定位"四个方面。"模式定位"又包括"选择在全国或世界广播市场上比较成熟且受欢迎的细化模式"和"寻找市场的空白模式，创造新的模式"两种模式选择；"目标受众定位"的方法包括"人口统计学研究、心理学研究和地缘人口统计学研究"三种方法；"节目定位"则要明确

---

① 罗以澄. 类型化：广播的市场突围之道[J]. 中国广播，2008(4).

② 刘福瀛. 类型化电台的产生与发展[J]. 中国广播电视学刊，2005(12).

三个主打：主打内容，主打明星、艺术家和乐队，主打短信息①，可以说是实用的类型化广播定位指南。此外，这一时期还有一大批业界工作者对类型化广播这一新生事物产生了浓厚的兴趣，从自身工作角度出发对类型化广播主持人设置、节目建构进行了关注。

4. 对广播节目的研究

对广播节目设置、安排的研究是一项纯粹技术操作层面的研究，21世纪以来对广播节目的研究更加细致、深入和全面。研究内容不但涉及不同类别的广播节目研究、广播节目的要素分析、广播节目的形式研究等方面的内容，而且在研究方式上更加注重从各种各样的节目案例中去分析、总结普遍的规律。

如《谈广播节目创新》（王本锡，2002）一文从总体上对广播节目的创新进行了研究，认为广播节目必须在"节目观念"、"节目内容"、"节目形式"和"语言"方面进行创新："节目观念"方面的创新必须强化"对象"、"领先"、"变动"、"品牌"和"包装"五个方面的理念和意识；"节目内容"的创新必须坚持"前瞻性原则"、"关注性原则"、"典型性原则"等②。《从"榆桑情"看老年广播节目成功的三要素》（李福成，2001）、《广播娱乐性直播节目探析》（何锋，2002）、《精心策划发挥魅力——广播公共性节目评述》（刘向晨，2003）、《北京音乐广播节目理念的发展变化》（邵军、张勤，2003）、《广播互动节目及影响》（黄波，2003）、《"百姓30分"：广播媒体与民生新闻的有效结合》（李亚虹，2005）等文章则分别从不同角度对不同类别的广播节目进行了研究。这一时期广播节目研究的热点主要集中在"阳光热线"类节目和广播谈话节目两个方面。

二、对广播产业化与广播经营管理、广播改革的研究

广播的产业化涉及产业经济学、制度经济学，也涉及广播产业规制等。胡正荣曾经对广播产业的含义做出过界定，他认为广播产

---

① 覃信刚. 类型化电台的定位[J]. 中国广播电视学刊，2008(6).
② 王本锡. 谈广播节目创新[J]. 中国广播电视学刊，2002(2).

业"是指可以从广播剥离出来的经营性资产"①。对尚处于初级阶段的我国媒介产业化来说，广告收入是其"可剥离出来的经营性资产"主体，这主要是受到体制、政策，以及媒介自身发展等因素影响，因此，对广播产业化的研究囿于产业规模较小等方面的现实，难以取得更深入的进展。广播产业化涉及传媒体制的深层次改革，涉及广播产业的重构，面临着"特殊意识形态"、"体制性障碍"、"政策性瓶颈"、"资金、人才等局限性障碍"等问题②，使中国广播产业化只停留在表面的理解和操作上。

广播经营与管理研究则包括广播经营的宏观内容、广播营销、发展策略、广播品牌经营、广播广告经营等内容。

中国广播的改革开始于20世纪80年代，改革观念的萌芽始于1983年中央37号文件的提出，在原有的行政和地域限定的广播体系框架内，引入了营利性经营机制。1986年，广东珠江经济台的"珠江模式"将这一改革理念最先付诸实践。在政府减少、取消财政支持的情况下，珠江台用"事业单位企业化经营"模式解决了电台自我生存的资金来源问题。1992年，上海东方广播电台成立，创立了24小时直播的"东广模式"。到20世纪90年代初北京电台完成专业化改革，再到2003年中央台完成改革，电台改革完成了从出现到生长再到完善的基本周期。

进入21世纪以后，广播研究队伍注入了新鲜的血液，一大批研究广播者将研究的视角投向世界，试图从美国、英国、日本等发达国家广播发展的历史中汲取经验，其中，对公共服务广播研究的增多凸显了社会转型走向整合阶段对社会塑成型媒体的呼唤。

三、对广播与社会发展的研究

传播学在国内只有30年的发展历史，国内学者对传播与发展

---

① 胡正荣.广播的产业结构调整及制度创新(下)[J].中国广播电视学刊，2003(8).

② 徐来见.广播产业发展的瓶颈及对策[J].中国广播电视学刊，2006(6).

的关系研究则是在近 10 多年才开展起来。武汉大学单波教授在《现代传播》2004 年第 1 期上发表的《现代传媒与社会、文化发展》一文中指出，人类社会发展史既是文化创造的历史，也是传播媒介的创造史和传播关系的发展史在传播与社会、文化的关系中，人的创造性、反思性是永恒的"调适器"。在现代性视野里建构的传媒与社会、文化发展的关系，注重的是媒介资本的扩张，而不是媒介的均衡发展；信息的双向流动追求的是媒介的权力（power）及其对他种社会、文化的支配，而不是媒介的权利（right）所包含的对等、互利、相互尊重传播主权、广泛的参与等价值观念；推行的是传播过程中的政治经济文化权力的单向流动与单一控制，而非在文化间的协商、沟通、理解的基础上的全球化传播。政治、经济、社会、文化对媒介的影响，以及媒介对政治、经济、社会、文化的作用，均不是直线过程，而是要通过权力关系体系起作用。传统性、现代性和后现代性在现时代表着三种发展观和三种力量，它们共存于中国社会、文化发展的框架内，它们之间的张力和搏击正是推动中国社会、文化发展的重要契机。同时，也形成了建构媒介与中国社会、文化发展关系的合力。

上海交通大学的张国良教授领衔在 2009 年完成了九卷系列专著《中国发展传播学》，这是我国 21 世纪以来规模最大、涵盖面最广的一项媒介与受众抽样调查之作，调查在全国九省市展开，包括上海、广东、云南等入户访问近 3000 个样本，可算是我国发展传播学研究的一本重要成果。

对广播与社会发展的研究多以单篇出现，也有少量文章结合一定的背景对广播与社会的互动做了研究，其中以对广播与受众的互动研究居多。新疆大学宋滢等的《广播双向互动传播发展研究》，探讨了当前广播与受众互动的四种模式：来信来电来访延时性互动、热线电话即时性互动、手机短信即时性互动和网络直播帖即时互动；并提出："在新的媒介环境下，受众接近和使用媒介的欲望空前高涨。贴近互动是广播的功能属性和最大优势，可以在最大程度上满足受众的这种需求。广播通过树立受众本位意识，研究受众的心理和需求，与受众进行更加全面、宽广、深入的双向互动，必将以全新的面貌实现新的飞跃。①"

湖北人民广播电台徐蓉的《省级广播传媒与农村受众互动的研究》，结合省级广播传媒受众群体的特点，将互动界定在省级广播传媒与农村受众间，指出两者互动的主次关系、形式和内容的变化，提出提高省级广播传媒与农村受众互动水平的四点对策：在农村节目、农村报道中，要体现"三贴近"原则，即贴近实际、贴近生活、贴近农民；解决好农村广播覆盖问题；省级广播传媒的农村节目发展要走办"农村频率"之路；省级广播传媒与农村受众互动形式的创新，实现对农村广播品牌节目延伸。②

中国传媒大学胡正荣教授长期专注广播的发展研究，他在《中国广播》2008 年第 5 期上发表的《变化中的广播与核心价值体系》一文中指出，广播业出现令人欣慰的复苏景象，与整个经济、社会发展的良好态势是分不开的，正是经济的整体快速发展，城市化进程的加速，都市有车一族数量的急剧增长，促进了广播业新的繁荣。广播在建立和传播社会核心价值体系中具有重要作用。

华东师范大学汪英的博士论文《上海广播与社会生活互动机制研究(1927—1937)》从广播的基本特征出发，梳理了近代上海广播引入的外在基础和内在条件，以广播媒介与社会生活的互动关系为研究对象，通过广播与社会生活的互动及其机制调适过程的论述，揭示了广播是在与社会互动中发展自身并产生了一系列社会效果。

四、国外研究现状

1. 对传播媒介，传播媒介与社会现代化的研究

国外对传播与发展的研究最多的国家是美国，"二战"以后，传播与发展的问题进入理论界关注的中心。理论界开始考虑在大众媒介影响迅速扩散到发展中国家驱动下，媒介是否能以及如何推动

---

① 宋滢，邱友益，吾英. 广播双向互动传播发展研究[J]. 新闻世界，2009(6).

② 徐蓉. 省级广播传媒与农村受众互动的研究[J]. 中国广播电视学刊，2006(12).

文化与经济的发展。

　　国外学术界集中研究传播与社会发展的，应当是在 20 世纪 60 年代发展传播学诞生之后，如前所述的众多美国学者对此进行了研究，成果颇丰。在美国社会科学中，D. 勒纳、W. 施拉姆、E. 卡茨、E. 罗杰斯等人是这个领域的开创者；如 D. 勒纳（Daniel Lerner）可说是发展传播学的开创者，勒纳在 1957 年发表的《传播系统与社会系统》一文中首次分析了传播与社会间的关系，他在文章中肯定了传播在社会变迁中的重要作用。随后，勒纳在其著名的《传统社会的消逝——中东的现代化》书中系统阐述了传播与社会发展的理论框架。他对传播与发展之关系的核心表述是："各地都市化程度提升后，均能提高其人民的识字率；人民的识字率提高后，其媒介使用率便会增加；媒介使用率增加后，人们在经济与政治方面的参与程度随即扩大。"①

　　归纳来看，国外学者对传播媒介与社会互动的研究大致有两种方向：一种方向是从现代化进程角度出发，分析传播媒介对现代化进程中的人与社会之间的影响；另一种是运用现代传播学的观点分析传播媒介的历史、功能及效果。第一种方向的典型代表是美国传播学实证研究的"经验主义范式"，从媒介对传播新技术、普及知识、扩大教育和人的心理转变方面，肯定大众传播媒介对现代化的积极作用和影响。第二种方向的代表是"媒介形态理论"的"技术主义范式"，强调媒介是社会诸多因素中的一个首要或重要因素，传播媒介本身，而非传播的内容，对人和社会的影响更深远；媒介介质决定了物质信息与精神信息的内容、形式，到达受众的速度、对受众思想观念的影响等；媒介的生态环境影响和决定了同一媒介在不同社会环境下所起的作用。这种研究是从媒介内容与特性方面肯定媒介在社会发展尤其在现代化进程中的作用。

　　社会学的互动理论对媒介与社会间的互动进行了探讨。英国学者约翰·B. 汤普逊直接将互动引入传播媒介的模式研究，将互动

---

　　①　Daniel Lerner. The Passing of Traditional Society：Modernizing the Middle East[M]. Free Press of Glencoe，1964.

类型划分为面对面式的互动、中介式互动和中介式准互动三种类型，即每个人与其他人之间的互动、个体之间的互动和大众传播孕育的一种社会关系。其中传播媒介是一种中介式准互动，其特征表现为：处于不同的场景、可扩展的时空、有限的符号提示和指向不确定的潜在的他者四种。符号互动理论奠基人米德打开了互动理论的大门。米德认为人们通过语言、文字、手势、表情等象征符号进行交往，人的社会行为不仅包含生物有机体间的互动，还包括有意识的自我间的互动。米德的研究成为媒介借助语言、声音、图像等符号信息传递引起与受众间互动的研究基础。

2. 对广播的研究

与国内研究的情形呈现高度一致的是，从期刊论文和专著来看，国外学者对广播电视的研究同样重电视而轻广播。对技术引发的广播新形态的关注是国外广播研究的热点，如手机广播（mobile radio）、网络广播（online radio）、卫星广播（satellite radio）等。Collins R. 从技术、产业和文化维度考察了欧洲的数字广播。①

除去对技术热点的追逐，国外广播研究也有一些从发展策略维度对广播进行分析的文章。Glenn T. Hubbard 选取了美国东南部331 家电台，对这些广播电台和电台广播节目的本土策略进行了分析。其研究对象既包括小功率调频广播，也包括美国全国性的大型广播集团清晰频道（Clear Channel）。经研究发现受众对本土广播频率和本土广播节目有明显的青睐，受众对一家州立电台或者社区电台的喜爱程度要超过全国性的广播电台，他们甚至更喜欢从广播中收听本地新闻而不是网络。②

---

① Collins R. Digital Radio in Europe: Technologies, Industries and Cultures [J]. European Journal of Communication, 2011(3).

② Glenn T. Hubbard. Putting Radio Localism to the Test: An Experimental Study of Listener Responses to Locality of Origination and Ownership [J]. Journal of Broadcasting and Electronic Media, 2010(3).

第三节 研究思路与方法

本书将对当代中国广播发展与社会关系的研究放在改革开放30多年间中国社会转型的视野下，对其进行社会的、历史的、经济的、技术的多维视角观察。既有历史的概括梳理，又有横向的思辨探讨。本研究在对现有传播学(广播学)、社会学、广播电视社会学、信息学、传播史理论的汲取和对文献整理的基础上，对当代广播发展呈现的状态进行扫描和梳理，对20世纪80年代至今的社会、经济、文化、技术变迁进行考量，并将广播及其发展动向与社会的变迁相比对，勾勒出广播对社会的影响，社会对广播的型塑，广播发展与社会转型同构对应的轨迹。

本研究采用的方法论原则包括社会变迁演化观、广播生成观、广播场域观。

如前文所述，广播与社会相互作用和发展是在社会变迁演进的过程中发生的，并且仍在进行当中，对这个"活生生的事物"的研究必须将其纳入社会变迁演化观的方法论原则下。社会变迁演化观是把社会变迁过程视为一个由社会结构的分化与一定程度的分化背离矛盾运动的演化过程，并且认为社会行动者与环境的互动构成社会变迁的动力的方法观念。社会变迁观源自社会学功能—结构理论学派的理论资源，功能—结构理论学派在描述社会变迁和进化过程时引入了这样几个要素："一是系统单位日益分化，形成功能上互相依赖的模式。二是在分化的系统中，确定新的整合原则和整合机制。三是分化后的系统适应环境的能力日益提高。"①社会变迁演化观认为社会变迁的动力来自社会行动者与环境的互动，社会变迁演化观是揭示与分析广播与社会转型互动的基本观念。

广播生成观是将广播与社会环境互动发展过程看成是一个不断生成新的广播种群和新的广播环境因素的过程。广播在中国将近

---

① [美]乔纳森·特纳. 社会学理论的结构(上)[M]. 丘泽奇等，译. 北京：华夏出版社，2001：40.

90 年的发展历程表明，广播的转型发展就是随着社会环境变化，不断生成新的广播种群和新的广播环境因素的过程。

广播场域观是从广播及其相关要素间客观关系网络中分析广播转型的方法观念，强调的是广播及其生存环境的密切联系。"有效的媒体研究不仅要理解媒介的内容，而且要对付媒介本身及其发挥作用的这个文化环境。只有站在对象的身边对它进行全局的观察，你才能发现它的运作原理和力线。"①20 世纪 90 年代，布尔迪厄提出了"媒介场"（media field）概念，即媒介在社会生活系统与其他事物作用的一个网络，成为媒介社会学研究的新范式。用场域的观念进行考量，广播场域至少包括政治场、经济场、听众场等多个场域，在场域中勾画广播及其相关要素不断变化的网络结构空间。

在具体的研究方法上，本书融入社会、政治、经济、技术等观察维度，采取历史梳理分析、个案分析、范式研究相结合的方法，在汲取传播学、社会学、广播电视社会学、信息学、传播史理论和对文献资料整理的基础上，选取典型的广播媒体进行近距离观察，对社会因素中的受众因素也将采取调查的方式，勾勒出当代中国广播与社会发展互动机制及调适效果。

具体分析和运用过程表现在：

第一，注重运用多维视角的分析方法。对改革开放 30 多年来，社会转型分化中的广播进行多方位的考察，包括广播角色的分化、广播种群的分化、广播经营管理的变化、受众的分化等，选取有代表性的广播电台进行全景扫描，对广播所处的社会关系、社会生活的热点、社会舆论、社会主题切换等进行深层次剖析。

第二，历史与逻辑相统一的方法。对 20 世纪 70 年代末 80 年代初以来中国广播发展的历史脉络进行分析和描述，同时对这一发展演进过程的内在逻辑进行揭示和预测。本书从广播与社会转型互动的历史起点和逻辑起点开始，对两者互动的不同领域做分门别类的分析，运用社会互动理论和传播媒介理论来观察广播与社会生活

---

① ［加］埃里克·麦克卢汉，弗兰克·秦格龙．麦克卢汉精粹［M］．何道宽，译．南京：南京大学出版社，2000：33.

的具体关系,从机制调适论述二者之间具体而微的关系及变化,以细腻的梳理和呈现30多年来中国广播在社会转型发展中的变化和对社会的适应过程。

第三,定性分析与定量分析相结合的方法。在提出观点的同时,对30多年间广播电台数量、电台所占比例、播出时长,听众数量、听众种群,以及广播节目分类、来源、广播经营变化等进行分门别类的数据统计,用定量与定性分析相结合的方法使本研究更为全面严谨。

第四,个案分析法。不仅从历史和理论出发,在每一章节中分析和揭示广播与社会互动的一个层面,本研究还从广播电台和广播行业具体而经典的案例着手,呈现外化了的现象背后的逻辑演进过程。

第四节 概念的厘清

在进行本研究之前,需要对本书中的几个重要概念进行说明。首先,是对本书中的重要研究对象"广播"的界定。这里的"广播"是指无线电广播(Radio Broadcasting),而不是许多文本和语境中使用的广播(Radio)与电视(Television)的集合,即 Broadcasting。尽管在当前的研究中习惯性将广播电视合并表述,但是广播作为独立于报纸、电视的大众传媒,有其独特的媒介特点和演进历程。广播在中国将近90年的发展历史中,发挥着新闻报道、信息输出、意见讨论、娱乐休闲等诸多功能,尽管随着社会转型、时代发展,特别是进入技术进步带来的电视时代,中国广播历经坎坷,但是随着社会整合期的到来,广播正在也完全有可能抓住机遇,向社会塑成型融媒体转化,发挥大众传播媒介在新的社会环境下的更大作用。

一、广播角色

广播角色,这是一个来自社会学的概念,指广播在社会生活系统中的地位和身份,"广播角色"由"社会角色"引申而来。

社会角色是芝加哥社会学派描述个体在一个大的社会网络中所

处位置、所具有身份的概念，它在构成社会群体或组织中起到基础要素的作用。

社会学家帕克曾指出，无论何时何地，每个人都有意无意地扮演着某种社会角色。他同时强调各种角色与其在社会角色中的位置相联系，在复杂的社会生活中，社会角色的扮演也会出现各种可能。因此，社会学理论使用了角色扮演、角色期待、角色冲突与角色认同的范畴，来揭示社会角色在社会活动中的实际可能。"角色扮演"是米德推崇的一个重要概念，即自我个体像对其他人行事那样社会性地对他自己行事的能力。米德认为心灵是社会性的，个体通过与他人的互动而认识他们自己。

由此推知，广播的社会角色包括"自我"，也就是广播长期以来积淀而成的独立特性；以及"客我"，也就是广播在社会场域中，与同处社会场域中的政治、经济、文化、受众间的相对位置与联系。在长期的历史发展中，广播始终发挥着传递信息、引导舆论的作用，同时，在不同历史时期，广播的社会角色又发生着不同的变化。中国最早的无线电广播诞生于上海，是 1923 年 1 月由美资无线电公司和外商的英文报纸合办的。当时的广播在社会动荡期极大地满足了人们对信息的需求，发挥着传递信息、引导舆论的功能。20 世纪 40 年代，人民广播事业诞生，从延安时期到改革开放以前，广播长期承担着自上而下的宣传与指令发布功能，甚至，从政治宣传的角度看，报刊和通讯社总是被优先使用，而广播只发挥扩大传送覆盖的"放大器"作用。今天的广播，既延续着政府代言人、喉舌的角色，又扮演着市场主体和公民代表的角色。

二、广播种群

广播种群是脱胎于生态学的概念，属于媒介社会学和媒介生态学的范畴。"生物种群"是指特定时间内占据一定空间的同种生物的集合群。生物种群的生存与进化受三种关系制约：种内关系，也就是生物种群内部个体与个体之间的关系；种间关系，也就是同一生态环境中种群与种群之间的关系；最后一个就是种群与其所生存的生态系统之间的关系。

从麦克卢汉将"媒介作为环境"的研究方向，到今天北美多伦多学派、纽约学派为代表的文化人类学、大卫·阿什德为代表的符号互动论，以及台湾地区学者的方法论及中国大陆学者的实体论研究，已经将媒介生态学变成媒介研究的"显学"领域之一。利用媒介生态系统与自然生态系统异质同构的关系来研究广播种群，就是从系统功能的观念出发，研究广播在系统场域中的自主性活动，随环境变化而产生的形态、数量、功能上的变化。

中国广播，从新中国成立之初的一两套广播节目，到今天新闻台、经济台、音乐台、交通台、城市台等为代表的专业台或系列台百花齐放，广播种群的裂变离不开其生存的社会生态系统与生态环境变化。

三、社会转型

"社会转型"（social transformation）是本书要涉及的另一个重要概念。研究中国当代广播与社会互动，需要观察两条同构推进的运动轨迹，即改革开放 30 多年来中国社会史无前例、波澜壮阔的社会转型和中国广播在社会转型浪潮中辗转沉浮、奋力搏击的媒体转型。

"转型"原本是一个生物学概念，指微生物细胞之间转移遗传物质的过程。社会转型即是指从传统社会走向现代社会的一种社会进化与成长过程。① 社会转型是发展社会学的核心概念。社会转型是一个复杂的社会变迁过程，在这个连续的动态过程中，社会阶层重组、社会利益重新分配、社会结构分化或调整，它不仅仅是一个经济发展的过程，而包括政治、经济、文化等诸多方面的重组。

近代以来，中国社会经历过几次社会转型，但毫无疑问，改革开放 30 多年来的这场经济和政治体制改革，影响最为深刻、范围最为广泛、转型最为彻底。在这场仍在进行的社会转型中，中国社会从总体性社会向分化性社会转型，并将走向整合的和谐社会。

---

① 蔡明哲. 社会发展理论——人性与乡村发展取向[M]. 台北：台湾巨流图书公司，1987：66，189.

在这场转型中，中国社会阶层结构发生了深刻的变化，有的阶层发生了分化、有的阶层提升、有的阶层渐渐隐匿，随之而来的社会力量对比和阶层诉求也在发生着变化。"社会阶层结构"是一个国家现代化程度最重要的表象之一，当社会阶层结构发生变化时，大众传播媒介的功能、体制随之发生变化。在总体性社会，社会阶层结构呈现金字塔形特征，大众传媒的功用多是自上而下地传达指令，而在分化性社会，社会结构逐步向"两头尖、中间大"的橄榄形演进，大众传媒自下而上传播信息和横向交流互动功能就会加强，大众传媒的形态、种群结构与社会阶层间的互动关系也相应改变。

四、社会分化

分化是一个生物学概念，是指在某一正在发育的个体细胞中进行形态的、功能的特殊变化并建立起其他细胞所没有的特征的过程。社会分化描述的是在社会转型过程中社会结构呈现的变化过程。在这个过程中，社会系统结构中原来承担多种功能的某一社会单位发展成为承担单一功能的多个单位，社会单位地位、相互关系发生改变。这里的社会单位指的是社会个体、社会群体和社会机构。改革开放以来，中国社会发生着全方位的分化，这种分化发生在社会阶层、社会群体、产业、地域等诸多方面。在这个过程中，新与旧、整体与碎片、矛盾与冲突、市场与计划的因素相互交织、缠绕、裂变，使大众媒介的角色、种群、经营管理、生态环境、受众需求、新闻生产方式等都发生了分化。

我国经济和政治体制改革触动的正是改革开放前总体性社会僵化的社会结构，"避免了总体性危机的出现"①。促使中国社会结构走向分化的根本动因是体制改革，从农村开始的经济体制改革和对国有经济的改革、非公有制经济的发展，使整个社会资源重新流动与分配，社会资源相对扩散，多元利益主体和权利主体出现，公民权利意识觉醒，社会沟通系统趋向多向化。

---

① 孙立平. 现代化与社会转型[M]. 北京：北京大学出版社，2005：220.

第一章　政策视角下的广播角色分化变迁

传媒系统是社会政治体系中的一个组成部分，从本质来说，中国的大众传媒是政府规制下的组织，国家通过政策和政治作用影响着大众传媒，在这一过程中，因中国广播的属性特征和发展沿革，其角色功能的分化与变迁被打上了鲜明的政治烙印。本章总结和归纳出当代中国广播整体在政策和政治作用下所发生的角色功能分化与变迁，并对中央人民广播电台 30 多年角色变化进行了梳理和分析。

第一节　回归与重构

1978 年至今的 30 多年间，中国社会结构经历的最根本变化就是由总体性社会向分化性社会的转变。社会结构急剧分化、不同社会力量不断角逐、社会规范片段化，新的社会要素和环境生态因子正在生成，新与旧发生着对抗与冲突，胶着与裂变，广播角色在这样的社会场域中发生着巨大的分化与转型。

一、从广播者向服务提供者的回归

梳理 30 多年来广播社会角色的分化发展历史，其中最重要的转变在于，广播由过去单一的社会动员和整合工具向大众传媒的本位回归。1978 年以前，广播的基本定位是内置于政治领域，是党和政府的喉舌，完全由国家严格控制，属于非营利的公益事业，无偿提供服务。1978 年第一次思想解放、党的工作重心转移以后，除了政治属性、广播的经济属性、文化属性，也被认可和重视起

23

来：其不仅具有喉舌功能，还具有新闻信息传递、教育、娱乐、服务等多种功能。广播还为社会公共领域的构筑提供了可能。

从社会学角色构建的角度来看，广播大众传播角色的回归与政府、内在制度、受众三个社会角色的关系发生改变有关，前两者均具有政策视角。

第一，在广播与政府的关系上，广播大众传播角色回归的主要动力之一就是政府对媒介的放权和对资源的释放。中央向地方政府和行政各系统放权，"社会资源一方面从国有体制向外分散和转移，另一方面在国有体制内部从上向下、向地方、单位分散和转移"。"国家放弃或部分放弃了、改变了一些社会资源的占有和直接控制。"①政府不再紧紧地将广播直接控制，而是采取使传媒组织具有一定的经营权，让传媒逐渐成为独立运行的社会自组织的方式。以十一届三中全会宣布党的中心工作的转移为起点，以广播电视广告经营的恢复、发展和广播电视新闻改革为标志，广播不再是政治动员的工具，由单一的喉舌功能向功能多元化转型。

1983 年中央 37 号文件和第十一次全国广播电视工作会议确定的"四级办广播、四级办电视，四级混合覆盖"政策，解放了生产力，激发了地方政府办广播电视的积极性。中国广播电台数从 20 世纪 80 年代初的 118 座，人口覆盖率 57.5%，一跃成为 1990 年的 635 座，人口覆盖率 74.7%，全国广播电台共制作广播节目 750 套，平均每日播出广播节目 6298 小时。

第二，广播内在制度发生着转型，新闻体制改革的步伐加快，新闻本位、媒介企业化经营、广告经营等新的广播生态因子得到了回归。在新闻体制改革的过程中，首先是观念的变革。30 多年来，我国新闻改革带来传播观念由"政治宣传"到"服务建设"再到"服务大众"的转变。1983 年，信息观的引入可以看做是我国新闻传播观的一个重大变化。1984 年，邓小平为《经济参考报》题词"开发信息资源，服务四化建设"，在媒体的基本功能中加入了"服务"的理

---

① 袁方等. 社会学家的眼光——中国社会结构转型[M]. 北京：中国社会出版社，1998：216.

念。1978 年年底，财政部批准人民日报社等 8 家报社联名报告，试行"事业单位，企业经营"方针，从政策层面开始承认传媒的市场属性。1986 年年底，珠江经济广播电台创办，增加了大板块直播、热线电话、谈话节目，信息量大，被称为第一个真正按照受众（市场）需求创办的广播电台。1992 年 6 月，中共中央、国务院发布了《关于加快发展第三产业的决定》，把广播电视业划归第三产业，明确要求广播电视业必须和其他第三产业一样做到"自主经营，自负盈亏"，提到"现在大部分福利型、公益型和事业型第三产业单位逐步向经营形转变，实行企业化管理"，至此，广播电视媒体被正式要求"事业单位、企业经营"。1994 年，上海东方明珠股份有限公司上市。各地方电台纷纷创办以提供经济信息、娱乐为主的新频率，掀起了一股听众参与热和系列台热，走出一条传播信息、提供服务、自主经营的广播新路。

二、分化与裂变

改革开放 30 多年来，广播从单一喉舌功能向多元化功能转化，直接导致了广播角色从社会动员工具向大众传媒角色的回归，其单一角色裂变为包括宣传角色、信息传播角色、经营者角色、娱乐角色、广告发布角色以及正在形成的社会公共舆论空间构筑角色等多种角色在内的"角色丛"。广播角色裂变的环境动因在于社会结构的分化，内在动因在于新闻观念的改革、新闻媒介组织内在制度的建构、广播生态演进中新的广播因子的创生、听众生活方式的变化以及广播自身对社会政治经济场域的适应。

在社会现代化进程中，最重要的表象之一是社会阶层结构。社会阶层结构呈现金字塔形时，大众传媒会被上层收紧、牢牢控制，信息传播是由上而下的指令发布，一旦社会结构发生变化，传媒角色也必然随之变化。从中国社会发展的历史来看，中国传统社会的阶层结构长期以来是类似金字塔的钝三角体结构，居于上层的统治阶级人数很少，而居于底部的被统治的普通劳动者人数极多。到20 世纪 70 年代末改革开放以后，社会阶层发生向橄榄形转变的趋向，中间阶层开始出现并壮大。研究发现，中国社会阶层的划分类别已经由 1949 年新中国成立以后的三个，拓展到现在的十个，一些新的社会群体或者重新出现的群体获得了社会分层的价值。

改革开放以后，分四个阶段进行的新闻改革和新闻媒介组织内在制度的建构成为广播角色丛裂变的内在动因。

20 世纪 80 年代，在政治改革的推动下，曾长期内置于政治体系内部的新闻媒介开始了自上而下的新闻改革。1981 年 11 月，在庆祝新华社建社 50 周年的茶话会上，习仲勋代表中央书记处讲话，提出了新闻报道的"五字方针"：真、短、快、活、强。① 这"五字方针"给当时长期受"假、大、空"报道模式侵蚀的、僵化的新闻媒体带来了从形式到内容的变化，成为我国新闻传播形式的首次重大转折，从此以指令发布为主转向以消息、新闻为主，大众传媒的服务功能开始彰显。

20 世纪 90 年代，经济体制改革经过短暂的调整后向纵深推进。1992 年年初，邓小平视察我国南方省份，并发表重要讲话。1992 年 10 月，中共十四大明确提出经济体制改革的目标是建立社会主义市场经济体制，整个社会的中心和重心由"以阶级斗争为纲"转移到经济建设上来。传媒的经济属性开始凸显，一批满足市场化需求的媒体异军突起，越来越多的媒体走上自主经营的道路，掀起了 20 世纪 90 年代各地电台开办经济频率和系列台的热潮。

这一时期，新闻专业主义研究再次被议起，一大批舆论监督类的电台节目涌现出来。比如 1993 年，湖北人民广播电台创办了全国最早的舆论监督类节目《焦点时刻》；1994 年，中央人民广播电台创办了名牌栏目《新闻纵横》等，这种被称为建设性的舆论监督模式，重启了新时期广播的舆论监督功能。

20 世纪 90 年代中后期开始，中国经济迈入了一个高速发展期，市场经济体制逐步完善，对传媒业的影响日趋深化。广播媒体的广告发布角色和经营者角色走上舞台。此时，大多数广播电台都

————————

① 真，是新闻的真实性原则；短，是要求新闻短而精；快，是指时效性强；活，是指要生动活泼，不要老面孔、老框框；强，是要做到思想性强、政策性强、针对性强。

已经开始尝试多种经营，涉足多个行业，多种经营的收入成为电台的主要收入来源，而国家事业性拨款只占到电台收入的极少部分，比如中国国际广播电台旗下的中国国际广播出版社、中国国际广播音像出版社、北京国广物业管理有限公司、《世界新闻报》、培训中心等。一些电台更将自己的核心竞争力延伸，如江苏交通广播网，开办了交广科技信息发展有限公司、交广文化传播有限公司、交广旅游发展有限公司、交广汽车俱乐部、交广汽车用品有限公司等，通过扩展和延伸产品，形成了全方位的经营体系。

在 20 世纪 90 年代中后期，广电媒体还掀起了一股集团化的浪潮，只可惜这场集团化浪潮并没能使广电媒体具备企业法人，成为经营主体角色。1999 年 6 月 9 日成立的无锡广电集团是全国第一家进行集团化运作的广电媒体，到 2006 年 3 月 1 日，湖北广播电视总台成立，全国主要形成了 24 家广电集团。值得注意的是，不同于 20 世纪 90 年代前期报纸集团化的成功运作，广电集团在进入集团前并没有完成企业改制，至多只是企业化管理的事业单位，借助集团化的过程实现广电媒体的现代企业制度建设，事实上并没有成功，广电集团仍是在行政力量主导下的事业性质集团(牡丹江广电集团公司除外)。尤为尴尬的是，在广电集团化浪潮中，集团化架构以电视为中心，广播媒体在集团内部失去主体地位，只保留频率，不保留电台，许多数十年历史的广播电台消失不见。

2003 年是国家广电总局确定的"广播发展年"，随着入世之后国际传媒运作规则的导入，广播角色也发生了更深刻的变化。2003 年非典肆虐，加快了政府信息公开的步伐，受众对知情权的渴求空前高涨；2008 年雨雪冰冻天气、汶川大地震，广播突发事件疏导功能得到凸显，广播角色向公共舆论空间转化。

在社会结构分化、新闻改革和自身适应机制建立等内外因素的推动下，处于社会场域中的广播裂变为六大角色，主要包括宣传角色、信息传播角色、娱乐角色、经营者角色、广告发布角色以及正在形成的社会公共舆论角色。

三、倾斜与重构

改革开放 30 多年来，随着经济、社会以及技术的发展变化，广播角色丛也经历了向资本（市场）、强势群体、技术等领域的倾斜与重新建构的过程，这一现象在我国改革开放进入深层发展期以后表现得尤为突出。

1. 广播角色向资本倾斜强化

从 20 世纪 90 年代中期开始，广播角色向与市场经济运行相关和契合的角色功能强化，一方面与广播电视媒体自身的产业化改革有关。1992 年，国家开始实施社会主义市场经济体制改革，中共中央、国务院发布《关于加快发展第三产业的决定》，为广播电视等大众传播媒介的产业属性定下了基调。这一认识也被视为是中国新闻改革的第三次跨越，从此确立了广播等媒介的双重属性：既具有上层建筑的属性，又具有信息产业化管理的属性；既是事业单位，又是产业组织。"媒介产业化，是意识形态的媒介向产业经营的媒介转化的过程"，媒介不再满足于传统媒介组织形式，转而向产业层面构建自己的组织形式。1999 年，以无锡广电集团成立为起点，广播掀起了一股集团化的浪潮，到 2004 年国家广电总局叫停成立事业性的广电集团，全国先后有 24 家广电集团或者总台成立，如表 1-1 所示。

表 1-1　　　　　　　　我国主要广电集团（总台）

成立时间	广电集团	合并电台	备注
1999.6	无锡广电集团	无锡人民广播电台	地市级
1999.10	牡丹江广播电视集团	牡丹江人民广播电台	地级市
2000.12	湖南广播影视集团	湖南人民广播电台	省级
2001.1	山东广播电视总台	山东人民广播电台	省级
2001.4	上海文化广播影视集团	上海人民广播电台 上海东方广播电台	省级
2001.5	北京广播影视集团	北京人民广播电台	省级

续表

成立时间	广电集团	合并电台	备注
2001.6	江苏广播影视集团	江苏人民广播电台	省级
2001.8	海南广播电视总台	海南人民广播电台	省级
2001.12	中国广播电影电视集团	中央人民广播电台	中央级
2001.12	浙江广播影视集团	浙江人民广播电台	省级
2002.5	天津广播电视电影集团	天津人民广播电台	省级
2002.12	南京广播电视集团	南京人民广播电台	市级
2003.1	长沙广播电视集团	长沙人民广播电台	市级
2003.3	宁波广播电视集团	宁波人民广播电台	市级
2003.12	四川广播电视集团	四川人民广播电台	省级
2004.1	南方广播影视传媒集团	广东人民广播电台 各地市级广电系统	省级
2004.2	福建省广播影视集团	福建人民广播电台	省级
2004.6	厦门广播电视集团	厦门人民广播电台	市级
2004.6	深圳广播电影电视集团	深圳广播电台	市级
2004.11	山西广播电视总台	山西人民广播电台	省级
2004.11	重庆广播电视集团	重庆人民广播电台	省级
2004.12	甘肃广播电影电视总台	甘肃人民广播电台	省级
2005.7	宁夏广播电视总台	宁夏人民广播电台	省级
2006.3	湖北省广播电视总台	湖北人民广播电台	省级

另一方面，与政府职能转换有关。20世纪90年代以后，我国政府的功能角色开始向社会宏观调控角色转换，广播与政府的关系在一定程度上转化成为市场主体与政府的关系，当然30多年来，我国传媒的性质没有变化，政府对传媒内容的宣传控制没有变化，这也使得媒介特别是广播电视媒介长期以来在计划和市场的双重轨道中运行，受到事业单位与市场主体的双重身份的困扰与冲突。

作为进入媒介市场的利益主体，对规模效益和利益最大化的追求是它的本能，因此，广播对广告发布角色愈发倚重，对经济效益的追逐被放在了重要的位置，时至今日这一角色功能仍在得到倾斜性强化。于是出现了专门为广告商制作的专题节目，量身打造的广播活动等，节目冠名成为常态，对广播来说还突出表现为相当长一段时间内的医疗热线节目泛滥，广播电台还成立广告部门专门与医疗广告客户对接。受到医疗广告的拉动，2006年，全国广播广告营业额增长率猛增到47.2%，占全国广告收入份额的3.6%，而同期全国广告营业额增长率才11.1%，医疗广告的过热带来了诸多社会问题，将媒介市场引向畸形发展，因此，2006年7月21日国家广电总局、国家工商总局发出"禁播令"，从2006年8月1日起所有广播电视播出机构，暂停播出介绍药品、医疗器械、丰胸、减肥、增高这五类产品的电视购物节目。2007年1月1日《医疗广告管理办法》实施。出现这种现象的原因，与媒体产业化初期对道路的试探和模糊不清有关，多数媒体没有把广告经营与媒体经营分开，认为媒体经营就是广告经营，媒体运行严重依赖广告收入。拉得到广告的员工在媒体内部受到重视，收入待遇优厚，"新闻成为广告和娱乐的囚犯"。"新闻报道被迫要遵循以下新闻经济学原理：当报道或揭露的问题涉及有钱有势有广告的大公司、商品品牌或人物的时候，媒体必须谨小慎微"；"当采访报道的新闻实践需要花大量时间或金钱的时候，媒体要想方设法少花钱多办事"。①

2. 广播角色向强势群体代言者倾斜

媒介化社会是一个市场化社会，既然大众传媒已经进入到一个媒介化的社会，广播与听众的关系变成了信息生产与信息消费的关系，那么在媒介市场中，市场主体就会在市场机制的推动下，自动地向可能带来最大利益的群体靠近。就在广播媒介寻找最合适的受众群体时，中国社会的阶层结构也发生着分化。强势群体迅速崛起，包括民间经济力量和垄断力量在内的社会精英联盟开始出现，体制内的政治精英和体制外的经济精英建立了密切的关系，以组织资本、文化资本或知识资本获得社会地位的社会中间阶层出现，社

---

① 杨步国，张金海等.整合：集团化背景下报业广告经营［M］.武汉：武汉大学出版社，2005：66.

会群体发生两极和多样化分化，文化分流，消费分需。因此在满足受众需求、定位受众市场上，"影响有影响力的人"、"做有车族的随身听"等这样的宣传口号表明，广播媒体选择倾向于满足有消费能力和社会影响力的强势群体与中间阶层。"时尚"、"小资"、"权力"、"知识"成为广播中极力营造的氛围，通过市场细分，都市调频、车族广播、时尚调频、经济广播等纷纷涌现，吸引拥有权力、财富、知识的社会中上层群体，播出投其所好的信息和节目内容，更关键的是，借此成功吸引到更多的广告客户。

3. 向技术（网络）倾斜

作为技术引发的媒介形态，在世纪之交，出于竞争需要和媒介本能，广播转而向数字技术、网络技术和移动终端技术倾斜。"十五"期间，我国省级以上广播电台基本实现了数字化，为发展节目内容产业提供了技术支撑。2006 年，北京人民广播电台开通了数字音频广播，通过电视发射塔发射的信号覆盖北京六环以内的区域。1996 年 10 月，广东人民广播电台建立网站，中国广播媒介在网络传播领域迈出了第一步。1998 年，中央人民广播电台网站、中国国际广播电台网站"国际在线"（CRI Online）相继发布，广播与网络进一步融合。此后，各级广播电台纷纷建立自己的网站，在网站上发布资讯、发起互动、推介电台节目，并通过海量存储技术实现广播节目的网络点播，从技术上解决了长期以来广播线性传播、不易存储的缺点。2005 年中国广播网开通银河网络电台，银河台实现了固定网、移动网、广播网的三网合一。从广播网络版到网络广播的转变真正实现了随时、随地收听，甚至参与制作广播节目，标志着网络广播时代的带来。2005 年 7 月，上海文广新闻传媒集团研制的"SMG 手机电台"正式开播，广播又向手机移动终端进军。

"一切形式的传播媒介，以及媒介企业，为了在不断改变的环境中生存，必须针对新型的媒介做出改变——它们唯一的另一个选择就是死亡。"①尽管广播电视媒介向技术的倾斜涉及多方利益，对

---

① ［美］罗杰·菲德勒. 媒介形态变化［M］. 明安香，译. 北京：华夏出版社，2000：24.

现有广电格局有较大冲击，但是传统媒体向新型媒体的转化已经成为传统媒介获得更大生存机会和生存空间的迫切需求。

四、整合工具

在以社会进化论为基础的现代化理论家看来，社会分化既是现代化最重要的组成部分，也是整个现代化得以推进的不可或缺的机制。在社会分化过程中，原来承担综合性职能的结构体分化为若干个分别承担单一功能的子结构，这种分化会大大提高人类活动的效率，但是社会分化的过程必须伴之以相应的社会整合和再整合的过程，30 多年来我国改革开放的过程就是在寻找一种新的社会整合机制。从广义上来说，大众传媒都具有一定的社会整合功能，传播活动就是一种主体间的意义交流与共享。大众传媒具有的舆论引导能力，将分散的个人联系起来，为社会成员提供统一的文化和共同的行为规范，创造一致的价值，提供彼此得以联系的社会关系。

在多层分化，或者被称为碎片化的社会结构中，在重大突发事件频发的情况下，人们对一种共同走过的经历、共同信奉的价值、共同崇尚的文化的向往更为迫切。媒介正是提供这种集体性的自我实现与协调，以及社会整合与身份认同的工具。比如 2008 年汶川大地震发生后，广播电台迅速行动起来，用"不间断的电波"传递灾区最新情况、报道救援进展、安抚震区群众的情绪。

广播的整合作用还体现在保障社会主体知情权的实现上。"一个健全、运转灵活通畅的社会，通常是新闻信息自由流通、社会透明度高，信息不对称现象较少、有利于社会经济的发展和社会成员认同程度提高的社会。"①也就是说社会主体的知情权是整合社会有效运转和发展的基本前提之一。广播因其信息发布的快速便捷、参与性强的特性可以成为人们获取有效信息，增进社会理性，养成独立思考，沟通民意的有效渠道。

协调整合社会各阶层的利益需要构建社会公共领域，哈贝马斯认为："公共领域是由各种非官方的组织或机构构成的私人有机

---

① 赵路平等. 和谐社会中的媒介角色构建[J]. 传媒观察，2005(4).

体，包括团体、俱乐部、党派、沙龙、报刊、出版等，属于社会文化领域，为人们提供讨论和争论相关公共事务的场所。"①当下中国，利益诉求多元，这种公共领域的构建对社会各阶层，特别是弱势群体的利益表达具有重要的作用，能够成为社会矛盾的缓冲器和纾解区。广播媒体中现场开通热线电话的百姓连线类节目，以做老百姓贴心人的姿态帮助听众解决生活困难，解答遇到的难题，往往收听率和参与度都很高。

但是，现阶段，作为社会整合型媒介的广播媒体尚未形成，广播媒介的社会整合角色只是在其宣传角色、舆论引导角色下的附属角色，这也与我国社会整合步伐滞后于社会分化，政治体制改革滞后于经济体制改革的社会转型状况同构对应。社区是实现社会有机整合的最重要的中间组织，广播在社区内传播应该成为今后社会整合型广播的发展方向。改革开放前，人们只有单位的概念没有社区的概念，改革开放以后，社会结构发生变化，固有的按照身份、单位、阶层划分的居住地域被瓦解，社区成为不同地区、不同职业、不同阶层的人们生活的共同体。社区广播（community FM）就是以社区为服务对象制作和播出节目的调频电台。社区广播在日本已经经过了 20 年的发展，成为社区居民自我展示、本地信息收集发布的渠道，居民则通过社区广播这种贴近自己生活的媒体，加强了对社区的归属意识，加强了社区内的交流。2000 年开始，我国一些地区对社区广播曾有尝试，如常熟人民广播电台，在常熟市中心广场旁沿街建立了一个"方塔直播室"，天津滨海新区创办的广播电台，面向区内居民，声音覆盖不跨区，也受到了社区听众的欢迎。可惜，这些尝试到后来都遇到了这样或那样的问题。目前，社区广播在中国，既没有来自上层的推动，广播电台考虑到自身盈利模式也没有发展的动力，社区成员对社区广播的认知度和认可度还较低，导致社区广播还停留在理论层面。

---

① ［德］尤尔根·哈贝马斯. 哈贝马斯精粹［M］. 曹卫东，选译. 南京：南京大学出版社，2009：21.

第二节 从信息广播者到服务提供商

中央人民广播电台作为国家电台在改革开放 30 多年来进行了数次重大变革，每一次变革都无不体现出强烈的政策推动力量。在这一过程中，中央台的角色功能发生了明显的分化与变迁，体现出从"放大器"向传媒本体角色回归，从信息内容的广播者向服务功能提供商分化的特点。

一、自上而下的信息发布者

我国现行的广播事业作为党的广播事业，其源头应该追溯到 1940 年 12 月 30 日延安新华广播电台的诞生，这也就是中央人民广播电台的前身。20 世纪 40 年代，延安新华广播电台诞生时不是一个独立的传媒，而属于新华社编辑科口头播音组，主要广播中共中央重要文件、重要评论、讲话、消息等。直到新中国成立，口语广播部脱离新华社而成立中央人民广播电台。从延安时期开始到改革开放前，广播长期以来最重要的功用即是传播党的方针、政策、决策、主张，是组织传播的信息途径，承担着自上而下的信息和指令发布功能。这一时期的广播最主要的功能是"放大器"。

"文革"期间，广播业一片凋零，中共中央当时要求"凡广播电台(中央和地方)的宣传，均以毛主席审定的、《人民日报》公开发表的社论和消息为标准；凡中央报刊不发表的，电台一律不得广播"①。中央电台成了"两报一刊"(《人民日报》、《解放军报》、《红旗》杂志)的录音版，作为"放大器"的广播失去了媒体的独立特性。中国广播开始进入了大发展时期是在"文革"结束后，1978 年 12 月党的十一届三中全会召开，带来解放思想、改革开放的改革春风。

20 世纪 70 年代末 80 年代初的中国，电台数量少，办台模式单一，电台角色定位主要是传播党的方针、政策、决策、主张，功

---

① 赵玉明. 中国广播电视通史 [M]. 北京：北京广播学院出版社，2004：296.

能主要是为听众提供新闻和文艺，从具体节目编排上看，新闻与戏曲、曲艺和文学节目占据了全天节目的绝大部分（参见附录 A，表A1）。这样的状况在短时间内极大地丰富了被禁锢已久的人们的精神世界，全家人甚至左邻右舍围在一起收听着收音机里中央人民广播电台的节目，成为当时非常普遍的社会现象。在那样的情况下，中央人民广播电台是国家政治体制下最权威的电子媒体，全国电台千篇一律照搬照抄中央台的办台模式、节目编排，以成为中央台的翻版为目标。

20 世纪 80 年代初，国家层面开始酝酿和思考广播改革。这期间，最重要的政策当属 1983 年 3 月，第十一次全国广播电视工作会议所提出的八项方针。这是中国广播史上一次意义重大的会议。这次会议确定了包括以"四级办广播，四级办电视，四级混合覆盖"为发展目标的八项极为重要的大政方针，提出了"扬独家之优势，汇天下之精华"，这一方针要求广播电视充分发挥其传播广泛、迅速及时、感染力强、声形并茂的优势，走出一条与广播电视自身特点相适应的发展道路。八项方针推出后，中央和地方电台办台的积极性被极大地激发，广播从业者开始主动思考广播角色功能，在新的时期、新的形势下怎样办台、怎样改革创新等重大问题，引发了中国广播电视界的思想大解放。从此，中国广播电视和当时的中国社会一道，开始踏上充满机遇、充满挑战的改革之路。

在中国从总体性社会向分化性社会转型的最初阶段，政策层面推动力量隐约显现，中央台作为国家电台在探索广播新角色上做出了自身的探索，一些微妙的改变显示出某些积极的迹象。

（1）1980 年元旦，中国广播电视开始向产业化迈进探索的步伐，其标志之一在于中央台播出了建台以来的第一条广告。

（2）1980 年 2 月，中央台与《歌曲》编辑部共同举办了"全国听众喜爱的十五首歌曲"评选活动。《军港之夜》、《乡恋》等歌曲的当选，显示了广播在丰富人们精神文化生活的角色功能，满足了人们在曾经被样板戏和革命歌曲禁锢后，对抒情歌曲等多种文艺样式的热切渴望。

（3）1980 年 10 月，在第十届全国广播工作会议重提"自己走路"的办台方针，并对广播事业的经验教训进行全面总结之后，中央台自采新闻占播出比例的 50%以上，同时在广播新闻中较多运用音乐与音响等多种声音元素。

（4）1981 年 1 月 1 日，中央人民广播电台开播了我国第一个有主持人的广播节目《空中之友》，广播主持人徐曼以柔和亲切的音调服务于台湾同胞，《空中之友》一经播出就轰动了海峡两岸。同年 4 月，全国第二个主持人节目《大众信箱》在广东人民广播电台开播，由李一萍、李东主持，被称为"北徐南李"的节目模式很快带来了全国范围内主持人形态的节目数量的大量增加。

（5）1981 年 6 月，中央台开始试播调频立体声音乐节目，每天播出 5 个半小时，这类音乐节目的出现引起了广播从调幅广播到调频广播的革命性转变。

这一时期，广播电台以中央人民广播电台一家独大，在政策因素刚刚开始显现作用的时候，以上这些看起来的"偶发事件"至少反映出，中央台开始从单一的宣传角色向经营者角色、娱乐角色、广告发布角色等多重角色转型，广播开始在以"宣传为中心"的前提下，以"主持人中心制"颠覆传统的"编辑中心制"工作模式，并将"人"的因素重新纳入考虑和审视的范畴，此时以听众需求为本的思想出现。

二、面目模糊的综合台

1983 年第十一次全国广播电视工作会议"四级办广播电视"的方针极大地激发了中央和地方办广播电视的积极性，在较短时间内广播电视的数量和覆盖范围得到了极大的扩张。这一时期，"四级办广播"的政策效应充分显现，整个 20 世纪 80 年代，中国广播电台数量以每年 100 家的速度增长，到 1988 年，全国广播电台的数量已由 1982 年的 118 座增加到了 461 座，全国广播人口覆盖率从 1982 年的 64.1%提高到了 70.6%。[①]

---

① 谢文清主编. 中国广播电视年鉴 1989[M]. 北京：北京广播电视出版社，1998：37.

"四级办广播、四级办电视、四级混合覆盖"的方针对我国曾经停滞的广播电视事业重新起步是有着积极作用的，它动员了各级政府的力量，调动了各方的积极因素，促进了广电事业发展。20世纪80年代后期，广播受到来自电视的巨大冲击，听众市场萎缩，专业人员流失，各级广播电台数量的增加客观上使电台之间的竞争加剧，我国广播电台出现了第一次分化。

1986年是对第十一次全国广播电视工作会议和中央1983年第37号文件中广播"自己走路"政策的实践之年。这一年的12月15日，中国广播史上一个标志性的事件发生了，广东珠江经济广播电台正式开播，其以新闻、信息为骨架，以直播、主持人节目板块和听众热线参与为主要特征的节目结构模式，对受众主体地位的确认，是对传统的广播模式和落后的办台理念的重大改革，被中国广播界称为"珠江模式"。珠江经济广播的横空出世的政策背景来自于1983年出台的37号文件，该文件给广播行业的改革引入了商业经营元素，珠江台同时对文件针对的各级广播电视机构下属公司和经营性主体的设定进行了突破，恰好解决了广播电台主体业务经营的模式创新问题。在当时条件下，珠江台的开播无疑是个划时代的信号，宣告了广播角色的分化。

同样在这一年，中央人民广播电台全面启动了新闻、专题、文艺节目的整体改革，改革以加强新闻节目、精办专题节目、搞活文艺节目、扩大服务节目为主要目标。1987年元旦，中央台经过全新改版的节目正式向全国播出。改革后的节目在节目编排上出现了很大变化，一改以往新闻和文学曲艺节目平均用力的情况，早晨主打新闻，中午主打综合，晚上主打文艺，同时改变播音风格，播音风格朝着亲切自然、朴实大方、多种多样的方向发展，使之更贴近听众、贴近实际、贴近生活。中央人民广播电台的这次改革是在"四级办广播"政策发挥巨大效应和全国广播电台数量猛增的情况下进行的。第一次突出了频率整体的品牌意识，在各个频率间形成相互兼顾、互相补充的节目格局，满足听众多种审美需求，打造了精品名牌栏目和主持人。

这一时期，中央台节目内容组合体系架构以"综合台"为模式，频率之间出现大致的分工，形成了相互补充、相互兼顾的格局。但也存在着节目内容缺乏针对性，定位不明，面目模糊。开始拥有一批频道精品名牌栏目，如《午间半小时》每天中午 12 点播出，不做新闻消息的发布，而采取主持人述评的形式，对听众普遍关心的热点问题、敏感问题展开讨论，既有事实又有评论。评论在节目中的出现在当时绝无仅有，从此广播角色开始向公共舆论空间构建者分化。推出一批主持人节目和名牌主持人，这些主持人节目和名牌主持人的大量出现，让中央台不再是严肃、呆板的代名词，在宣传政策、传递信息的同时，有了更多人性的关怀，缓解了电视和地方广播对中央台的冲击。经过这次改革，中央台节目收听率和广告创收额都有了较大幅度的提升，挽回了因为地方媒体发展而被削弱的全国影响力。

节目时间表参见附录 A，表 A2。

三、走向细分

在整个 20 世纪 90 年代，政策对经济层面的重视程度明显高于对政治体制改革的关注，使得这一时期呈现出十分有趣的现象，地方电台百花齐放，各地相应地出现了经济、新闻、文艺、音乐、交通、教育、儿童等系列台，广播角色得到极大的丰富，而中央台作为国家电台却在整个 90 年代相对显得沉寂，这期间中央台进行的几次局部调整，无法突破 1987 版节目结构样式，陷入何去何从的尴尬。

比如，1992 年 10 月 28 日，上海东方广播电台开播，实行独立核算、自负盈亏的商业化经营模式，首创了大陆广播电台 24 小时直播模式，采用早间新闻大板块结构安排，主持人串联节目和直播电话热线参与互动等方式，还通过将直播间和直播现场搬到公共场所等方法拉近广播与听众的距离，因为新闻贴近生活，播报风格亲切，收听率在短时间内上升很快。[1] 1992 年年底，北京人民广播电台开始创办经济、新闻、音乐等 7 家"专业化系列台"。这一

---

[1]　曹璐. 解读广播[M]. 北京：北京广播学院出版社，2004：50.

模式在全国迅速推广开去，广播的受众范围从"大众"向"窄众"转化。

在邓小平同志"摸着石头过河"方针的指引下，地方电台开始了风起云涌的改革与探索，然而，面对国家政策的不明晰与不确定，中央台作为国家电台采取了冷静观察、稳步推进的改革策略，保持着一种相对平缓的改革步伐。作为国家电台，中央台在全国覆盖、听众广泛等优势下，危机意识不强，同时，为保持"大台风范"，不可避免地构成了"大而全"的"综合台"节目组合模式。在电视媒体高速发展，网络媒体蓬勃兴起之时，中央电台是坚持走"综合台"全面发展的老路，还是走"专业化"、"细分化"的新路，这个问题，在整个 20 世纪 90 年代一直困扰着这座国家电台，也困扰着整个中国广播界。

四、频率专业化

进入 21 世纪以后，国家政策层面对广播电视给予了极大关注，2002 年 12 月在广州召开的全国广播工作座谈会提出广播发展的核心是解放思想、改革创新。当时的广电总局局长徐光春在会议上提出构想将 2003 年设为"广播发展年"。2003 年 1 月 8 日在北京举行的全国广播影视工作会议，正式宣布将 2003 年确定为"广播发展年"。"广播发展年"在一定程度上显示出国家政策层面对全国广播改革发展的重视和认可，广播事业发展进入了机遇期和关键期，是我国广播事业进入高速发展阶段的标志。

"广播发展年"对广播在 2003 年的发展做出了具体的部署，为新世纪中国广播的发展指明了目标，"广播发展年"提出：加快广播频率专业化、节目对象化的步伐；要加大广播创收力度，大力拓展增收渠道；要加快广播新业务开发；要研究广播节目衍生品市场开发；建立有中央台、地方台参加的信息、音乐等节目协作网，有效利用现有节目资源。①

---

① 徐光春. 全面贯彻十六大精神，努力开创广播影视工作新局面——在 2003 年全国广播影视工作会议上的报告[J]. 中国广播电视学刊, 2003(2).

在国家政策层面对广播的推动下，中央台启动了长达三年的新一轮整体节目改革，这轮改革针对制约发展的关键问题，提出"频率专业化、管理频率化"的思路，全面推进节目布局、节目运营和节目覆盖的改革。

正如电视在传统体制中崛起，首先从综艺娱乐节目开始突破一样，广播改革也先从满足受众多元需求，从"去时政"、"去意识形态"的角度切入。在面对"频率专业化、管理频率化"改革时，对音乐广播的改革就是一个突破口。2002年12月1日，中央台"音乐之声"频率开播，音乐之声的出现有着鲜明的政策推动因素：进入21世纪，中央广播电台由于自身规模和身份之困，其改革实践步伐已经落后于地方电台，在这种背景下，国家广电总局相关主管在认可地方各系列台改革成果的同时，曾经敦促中央台调动国内外广播媒体改革经验，力争走出新路。

经过两年的频率专业化探索，2004年1月1日，中央台终于推出由原第一套综合新闻节目改版的"中国之声"。"中国之声"的推出曾被称为"中国广播界的共同探索"、"中国广播界多年改革的总结式、集成式压卷之作"。① "中国之声"与其他省台有着完全不同的运行情况和约束条件，"中国之声"体现着广播在新时期的重大转型，广播向着服务者、公共空间构筑者转变，通过专业做新闻，通过"早、中、晚"三大新闻密集区的主体支撑，打造出一个相对"纯净"的新闻空间，通过主持人全程直播、现场连线报道、手机短信平台、网络实时互动等手段，构筑了听众意见表达的通道。此后，"中国之声"又进行了几次改版，实现24小时全天候直播，新闻节目和评论节目的比重显著加强，聘请知名学者、社会评论专家担任特约评论员，加大了评论力度，进一步强化了社会成员意见表达者的角色，满足了新时期社会成员表达自身诉求、参与政治生活的需求，进一步回归大众媒体的议程设置功能。节目时间表参见附录A，表A3。

① 王明华. 走近现代传播——中国之声改版的实践与思考[J]. 中国广播电视学刊，2004(4).

第二章 广播经营与社会 经济的同构转型

阿诺德·约瑟夫·汤因比把人类历史的发展归结为"挑战—应战"模式，认为"挑战和应战之间的交互作用，乃是超乎其他因素的一个因素"①，30多年来中国广播乃至整个传媒业经营管理改革的历程也可以看做挑战和应战的过程。虽然，中国传统新闻媒体的经营管理改革看起来是应对政府支出的冲击，但国家调控媒介经营管理制度、法规、政策的挑战主要来自两个方面：一是包括传媒经济在内的经济全球化的逐步推进和以传播技术为重要内容的科学技术的飞跃发展与传统调控方式的适应问题；二是对媒体的政治约束保持相当硬度与国家财力制约下的对媒体的经济约束的适度软化的平衡问题。②

本章首先从横向与纵向两个维度对广播经营管理的发展轨迹进行梳理和比较，接着对广东电台30多年以经营求发展的实例进行了近距离分析，进而归纳出我国广播经营发展的制约因素与对策。

第一节 广播经营管理与社会互动发展轨迹

媒介经营的发展是改革开放以来媒体变化最大的一块，作为改革开放30多年来媒介变革的本质问题，广播经营的发展变化与中国社会变革进程同构对应。1978年12月十一届三中全会召开，中

---

① ［英］阿诺德·约瑟夫·汤因比. 历史研究（上册）［M］. 曹未风等，译. 上海：上海人民出版社，1997：95.

② 吴廷俊. 中国新闻传播史［M］. 上海：复旦大学出版社，2011：159.

国大众媒介在社会转型、市场经济不断完善中摸索着适合自身发展的经营之道。曾经被视为禁区的"媒介经营"成为热议的话题，并逐步开始探讨和推广媒介的产业化。考察 30 多年来，处于改革开放巨大社会转型中的广播经营管理与社会的互动轨迹，需要首先从纵向和横向两个维度对广播经营管理的发展轨迹进行梳理和比较。

一、中国广播经营纵向轨迹

纵向来看，广播经营历程与媒介生态环境，具体来说就是改革开放以来中国社会政治、经济、社会环境变化密切相关，特别是国家对媒介运行体制的调整带来了媒介经营方式方向性的变化。我国广播经营管理演进轨迹可以分为如下几个阶段：

1. 零起步阶段

受"左"倾错误思想影响，1957 年广播广告停止播出，在 1978 年以前的 20 多年间，"广告"、"经营"一直被视为谈论的禁区，广播长期作为"传声筒"和"放大器"而存在。1978 年十一届三中全会以后，中国广播媒介传播内容开始发生变化，广播广告经营体制重新确立，广播经营重新起步。这一时期经营的概念尚未确立，经营行为主要是体现在发布广告的实践层面。1979 年 3 月 5 日，新时期首个广播广告"春蕾药性发乳"在上海人民广播电台播出。广播电视由于受到国家的严格管制，不具备如报社一般的独立法人资格，1978 年 5 月，北京电视台更名为中央电视台，成为第一个取得独立法人资格的广电媒体。此后，中央人民广播电台、中国国际广播电台等相继成为独立的宣传事业单位。1978 年 12 月，中共十一届三中全会召开，会议决定停止"以阶级斗争为纲"，确立了"解放思想、开动脑筋、实事求是、团结一致向前看"的思想路线，将党的工作重心转移到社会主义现代化建设上来，这被看做整个中国社会系统变革的起点，也是研究当代中国广播经营管理的起点。

1979 年 3 月 8 日至 21 日，中共中央宣传部主持召开了全国新闻工作座谈会，提出党的工作重心转移后，新闻工作者也必须解放思想，在新的历史条件下为社会主义现代化建设服务。对媒介的定位从政治宣传功能，转变为政治宣传、传播信息、指导经济、服务社会、舆论监督等多种功能。广播媒介的传播内容中，关于经济建设的报道多了，媒介成为企业和市场沟通的桥梁。

　　1979 年 3 月 5 日，自 1957 年起受"左"倾错误思想影响而停办 20 多年的广播广告，首先在东部经济基础较好的上海得以恢复。当年 11 月中宣部肯定了这种自发的行为，在《关于报刊、广播、电视台刊登和播放外国商品广告的通知》中，明确指出"各报刊、广播、电视台刊登和播放国内产品广告的同时，可开展外国商品广告业务"，广告传播至此得到了政府管理部门的认可，从此广播媒介可以合法地播放广告了。这一时期，由于国家对广电媒体一贯的严格管控，并没有提出如报业一般"事业单位，企业化管理"的提法，不过在报社的启发下，个别电台开始依靠广告来增加自身收入，这种弥补财政补贴不足的初衷与政府希望缓解财政支出紧张局面，摆脱日益沉重的财政负担的愿望不谋而合。1983 年 3 月，第十一次全国广播电视工作会议召开，提出要"开展经营、广开财源"，广播电台开始大踏步走上扩大自身经济力量的探索之路。

　　2. 谨慎推进广告经营的阶段

　　1983 年第十一次全国广播电视工作会议将广播电视经营改革带入新阶段，1983 年当年，全国的广播电视营业额就达到 3400 万元。1984 年，《中共中央关于经济体制改革的决定》在十二届三中全会上通过，拉开了经济体制改革的大幕。1985 年，经济体制改革全面启动，中国社会开始分化，政治权力不再是衡量社会地位的唯一标准，人们对财富的渴求被激活，市场的卖方和买方都对经济信息的需求剧增。1986 年，被称为"珠江模式"的新时期我国第一座经济广播电台，珠江经济广播电台在改革开放的前沿省份广东省诞生，这也是改革开放以后第一座真正按照受众需求开办的电台，满足了当时人们对经济信息的迫切需求，收听率迅速上升，在当时社会引起了轰动，以至全国在此后数年间掀起了创办经济广播的热潮。珠江模式的成功之处在于，它成功地将广播业务改革和经济收益结合起来，用节目和广告互动的协同方式，收到了明显的经济效益，也找到了一条媒介自主经营的新途径。

　　这一时期，广播经营的主要形式仍然是广告经营，多种经营的范围较窄，且在广播媒体核心业务上下游范围内开展，经营收入少。值得注意的是，由于经营理念的滞后，运行机制的束缚，再加上受到报纸和电视业的夹击，1990 年以前，广播广告营业额虽然持续增长，但增长幅度小于全国广告营业额增长。1983 年，广播广告营业额占全国广告营业额的 7.7%，1984 年为 6.4%，1985—1988 年降到 5% 以下，而 1989 年和 1990 年则不到 4%。1983—1992 年我国广播广告营业额和增长情况具体如表 2-1 所示。

表 2-1 **1983—1992 年全国广播广告信息表**

年份	营业额 （万元）	增长率 （%）	占全国广告比例 （%）	增幅
1983	1806	—	7.7	156
1984	2323	28.6	6.4	156
1985	2670	14.9	4.4	165.7
1986	3563	33.4	4.2	139.6
1987	4721	32.5	4.2	131.6
1988	6383	35.2	4.3	134.3
1989	7459	16.9	3.7	133.9
1990	8641.6	15.8	3.5	125.1
1991	14049.3	62.6	4.0	140.3
1992	19920.4	41.8	2.9	193.4

＊该表格根据《中国广播电视年鉴》和《中国广告年鉴》数据制作。

这一时期，受到"计划经济为主，市场调节为辅"双轨制的影响，广播媒介运行所需要的原料、设备、人力资源成本市场化，传媒运行费用逐年上升，而政府优先的财政支持已经捉襟见肘，因此，以广告为主，广播业开始向节目经营、衍生产品经营和多元经营自发探索。

3. 资本介入，多种经营阶段

这一时期我国经济体制改革的目标确立，1992 年 10 月，中共十四大召开，会议明确提出了建立社会主义市场经济体制的目标任务，其核心是使市场经济与公有制相结合：一是，运用市场对各种经济信号的灵敏反映，通过价格杠杆和竞争机制的功能，促进生产和需求的及时协调，在国家宏观调控下使市场对资源配置起基础性作用，将资源配置到效益较好的环节中。二是，以包括全民所有制和集体所有制的公有制为主体，个体经济、私营经济、外资经济等多种经济成分，在市场机制下通过平等竞争共同发展。市场在资源配置中的作用得到了承认和重视，中国传媒开始了整体的市场经营。1993年，国务院批转国家计委《关于全国第三产业发展规划基本思路》，把广播等新闻业列入"文化、体育事业"，提出要遵循社会效益与经济效益并重的原则，在事实上承认了传媒是"生产性组织"，具备产业性质。这一认识，被学界称为中国新闻改革的第三次跨越：明确了新闻事业既具有上层建筑属性，又具有信息产业性质；新闻单位既属于事业单位，又属于产业组织，对"双重属性"的认定成为今后媒介产业化发展的基础。

这一时期我国的传媒格局发生重大变化，20世纪90年代电视在中国社会普及，一跃成为强势媒介，广播弱势化。1995年，电视赢得50.5%的市场份额，报纸上升到38.9%，而广播的市场份额下降到了8.1%。[①] 面对报纸、电视的两面夹击，广播媒介并不甘于弱势化，而是做出了应战。为了争夺传媒市场，在报纸扩版热的同时，广播媒介通过延长播出时段，开播专业频率扩展频率空间和容量；为满足受众对公共信息、经济信息的需求，新的节目形态如深度报道、舆论监督等类节目纷纷涌现。1992年，上海东方广播电台成立，这一年，上海广电媒体的竞争白热化，上海人民广播电台、上海电视台、东方广播电台、东方电视台开始全天候24小时播出节目；1993—1994年，北京人民广播电台集中开始频率专业化改革，先后成立了新闻广播、音乐广播等7个专业广播频率；到1993年年底，我国已有经济广播63座，其中省级台有19座，

---

① 中国新闻年鉴[M]. 北京：中国新闻年鉴社，1998：103.

市级台有 44 座。① 24 小时播出，频率专业化的建设等广播媒介的探索既源于原有综合办台模式对市场需求的不适应，又源于广播电台自身对经济利益和效益最大化的追求，与市场接轨，直面市场竞争和市场需求，广播媒介形式和内容巨大变化的直接效果就是频率空间扩大了，内容供给与受众需求细分统一了，因此广告容量也就扩大了，随之而来电台的经济收入也就提高了。1993 年，全国广播广告增长率达到了改革开放以来的最高增速 75.4%，出现了引人瞩目的"九三年现象"。这种现象的出现当然是广播媒介面对市场竞争积极应战的结果。

这一时期还有一个引人瞩目的现象是，媒介成为利益主体，开始开拓资本市场。这种方式是将广电业可以经营的资产加以剥离，运用资本市场及相关工具，实现资本的链接，以达到资本的最大化。1992 年 8 月，上海广播电视局成立我国第一家文化企业股份有限公司——上海东方明珠股份有限公司，主要经营项目包括文化、旅游观光、娱乐、购物、传输业务、广告代理等，1994 年 2 月，东方明珠股份有限公司在上海证券交易所上市，公开发行股票，拉开了媒体进入资本市场的序幕。同一年，陕西广电网络传媒股份有限公司在上海证券交易所上市，公司股份总额 1.2 亿元。1999 年，由进行全资改组的湖南广播电视发展中心作主发起人，组建湖南电广传媒股份有限公司，2000 年 10 月 31 日，电广传媒在深圳证券交易所通过网上、网下方式增资发行 5300 万 A 股股票，募集资金 15.9 亿元。主营业务包括策划、设计、制作、代理、发布国内外各类广告、影视节目制作、发行和销售，有线电视网络及信息传播服务，会展及酒店旅游服务等，其中广告收入是其主营收入。2001 年，北京歌华有线电视网络股份有限公司在上海证券交易所上市，募集资金 12.05 亿元，这家公司由北京歌华文化发展集团、北京青年报业总公司、北京有线全天电视购物有限责任公司、北京广播发展总公司及北京出版社五家股东共同发起。不过值得指出的是，我国广播媒体上市的公司数量还很少，募集资金数量

---

① 中国广播电视年鉴[M]. 北京：北京广播学院出版社，1994：86.

所占比例也较低，而且控股股东基本是系统内公司，如电台、电视台下属公司等。

这一时期广播的多种经营不再局限于自身核心业务范围，而是涉足各行各业，把自己的核心竞争力延伸到相关产品上，多种经营成为电台总收入的重要组成部分。例如 2001 年开播的江苏交通广播网，开办了交广科技信息发展有限公司、交广文化传播有限公司、交广旅游发展有限公司、交广汽车俱乐部、交广汽车用品有限公司等多个子公司，涉足信息、文化传播、旅游、汽车用品等多个行业。

纵观整个 20 世纪 90 年代，特别是中后期，国有企业纷纷改制并建立现代企业制度，社会生活发生重大变化，一些敏锐的传媒人看到"国企的今天就是媒介的明天"。遗憾的是，在媒介改革的大潮中，在报纸纷纷通过成立报业集团的方式探索优化配置资源、抢占市场份额的途径时，处于低靡状态的广播始终"慢半拍"，中国第一个省级广播电视集团湖南广播影视集团直到 2000 年的最后 5 天才正式成立，广播媒体建立现代企业制度的道路任重道远。

4. 跨媒体经营的拓展阶段

2002 年 11 月，党的十六大召开，拉开了文化体制改革的大幕，"发展文化事业和文化产业"的提出，发展文化产业成为我国国民经济和社会发展战略的重要组成部分。国家政策层面的进一步细化明晰使广播产业发展进入到提速期。2003 年，在全国广播影视工作会议上，广电总局将这一年确定为"广播发展年"，提出在广播节目制作、体制框架、机制运营等方面，加深改革、加快创新、加速发展。明确了广播媒介应该加大创收力度，确保增长 20%以上，同时大力拓展增收渠道，还提出要研究广播节目衍生品市场开发，拓展视听产品市场占有份额，为扩大创收提供新途径。① 随后，国家广电总局又下文将 2004 年确定为广电行业的"数字发展年"和"产业发展年"，政策推动使广播进入结构性战略调整

① 徐光春. 全面贯彻十六大精神，努力开创广播影视工作新局面——在 2003 年全国广播影视工作会议上的报告[J]. 中国广播电视学刊，2003(2).

期和深入发展期。长期以来经营观念落后、产业基础薄弱、高度依赖广告、资源配置不合理、管理手段不适应等状况得到改善，开始走上以体制机制创新为动力，以结构调整为主线，以科技创新为手段，产业化经营的道路。

2006年1月发出的《关于深化文化体制改革的若干意见》，将文化事业和文化产业做了进一步明确划分，"规范国有文化事业单位的转制"，指出要"坚持区别对待、分类指导、循序渐进、逐步推开"，"转制企业自工商登记之日起，实行企业财政、税收、社会保障、劳动人事制度"，"按照现代企业制度的要求，加快推进国有文化企业的公司制改造，完善法人治理结构"。文化事业与文化产业的进一步明确区分使长期以来困扰广播媒介经营的运行体制问题得到了一个根本性的解决方案，如果这一方案得以普遍推进，那么，广播将分为公益性广播与经营性广播，公益性广播回归国家财政预算体制，享受政府支出，经营性广播彻底脱离政府财政预算，在市场中实现媒体价值。这一思路为今后相当长一个时期内广播改革指出了方向，经营性广播从此可以放开手脚以企业的身份投身市场，事业单位办企业的诸多尴尬将迎刃而解。广播经营在这一时期迎来高速发展期(详见图2-1)，广播广告超过亿元的省份超过20个，一些电台还出现了创收过亿元的单个频率。

这一时期，广播受到来自全球传媒的共时性挤压和加入WTO后的全球化效应的冲击，按照汤因比的"挑战—应战"模式，这种冲击总体上有益于中国传媒业的改革，特别是在经营理念和经营方式上的改进。所谓共时性挤压，是指2001年我国加入世界贸易组织(WTO)后，与全球传媒同处一个交往和碰撞的时空框架中，全球媒体与我国媒体互相渗透、互相影响、互相融合，我国媒体受到全球媒体的冲击和引导。所谓全球化效应是指加入WTO之后，必须在更大范围内参与国际新闻与传播的竞争。2001年12月，STAR与中国中央电视台、中国国际电视总公司、广东有线电视网络公司签署协议，开始进入中国传媒市场。随后，AOL——时代华纳、维亚康姆也在中国实施投资计划，2003年有30多家境外电视在中国大陆落地。曾任中宣部部长的丁关根曾经指出："随着加入WTO，

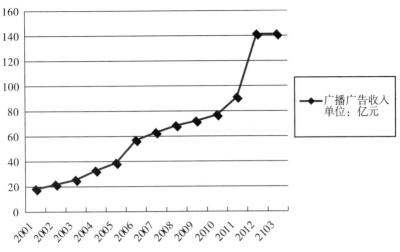

图 2-1　2001—2013 年广播广告收入增长图

数据来源：《中国广播收听年鉴》(2002—2014 年)。

对外开放必将进一步扩大，国外大型传媒集团跃跃欲试，先头部队已经登陆，他们凭借自身所具有的优势强行市场准入。不能自己办媒介就借我们的渠道；文化项目进不来，就与经济科技合作项目捆绑进入；中央媒体进不去就先进地方媒体；直接投资不允许就通过合资、再合资曲线进入。看来让进要进，不让进也要进，这是我们面临的实际情况。"①事实上到今天，全球媒体进入中国并未像人们所预料的那般如洪水猛兽，相反地，国家政策的严格控制、准入制度的限制和中国独特的文化环境还使得一部分最初进入中国市场的全球媒体最终退出了中国市场，比如全球第四大传媒集团贝塔斯曼就在 2008 年 6 月宣布退出中国图书销售市场。中国传媒在"与狼共舞"的日子里，经营思路进一步拓宽，经营视野进一步开阔，抗风险能力显著增强。

　　在国内媒介竞争日益激烈，国外媒介对中国市场虎视眈眈的传

---

　　①　郎劲松.中国新闻政策体系研究[M].北京：新华出版社，2003：142.

播环境下，广播原有的生存空间和市场空间越来越狭窄，融合型跨媒体经营成为拥有远见的广播媒介经营扩张的一个趋势。美国最大的电视节目制作公司——King World 公司的创建人查尔斯·金（Charles King）有一句名言："如果不能战胜，就设法成为其中一员。"面对挑战，一些有远见的广播电台已经通过实现自身进化和向其他媒介、其他领域渗透来培育新的竞争空间，为未来发展铺设道路。同样是从经济发达地区发端，北京人民广播电台和广东人民广播电台成为抓住新一轮市场机遇的领头雁，成为以广播母体为平台，向外延伸，吸纳社会资源，依托新技术，多种传播手段、多媒介融合多种经营方式结合的综合性传播机构。

二、中国广播经营管理的横向比对

从纵向梳理来看，我国广播媒介经营跟随改革开放的进程呈现出阶段推进的变化轨迹，虽然这种变化有时会滞后于媒介改革的整体脚步。如果将改革开放以来的 30 多年看做同一时序空间，横向比较我国广播媒介的经营管理实践，则呈现出异步性、分层化的特点。

虽然现代化是整体性的，是社会生活各个领域、各个方面的一场全面性的变革过程，但是在现代化的实际进程中，却往往不可能将现代化的各个方面同时推进。现代化的过程往往是整体性与异步性交织在一起的。① 放眼中国的现代化建设，北京、上海、广州、深圳等全国和沿海中心城市已经步入现代化阶段，而武汉、长沙、成都、重庆等中西部区域中心城市，还徘徊在现代化的门槛边、兰州、太原、沈阳等城市则处在工业文明阶段。即使是在同一个城市，比如武汉，在光谷高新技术园区，这里聚集了大量高新技术人才和科技企业，已经步入托夫勒所说的"第三次浪潮"，即以信息技术和生物技术为代表的新技术革命；在青山红钢城，高耸的烟囱告诉人们这里尚处在"第二次浪潮"的工业文明阶段；再往城外走

---

① 孙立平. 现代化与社会转型[M]. 北京：北京大学出版社，2005：21，23.

一点，则会看到一幅典型的农业文明的画面。与中国现代化进程高度对应，我国广播媒介的经营管理也呈现出整体推进与异步分层交织的局面。比如，在北京、广东、上海、浙江等经济发达地区，广播的营利性经营收入达到了相当高的水平，早在 2003 年，这些地区的广播广告收入就超过了亿元，且早已摆脱单一依靠广告的经营模式，营利模式多元化，上海、北京等地的广播媒介已经上市，走上资本化运作的道路。而在中部和西部，一些省级广播的广告年收入不足北京电台的 1%，经营方式单一，经营思路僵化，高度依赖医疗热线广告。

广播经营管理明显呈现出东部强西部弱，城市强农村弱的分层态势。从地区分布来看，年收入超过亿元的广播电台 90% 以上在东部和沿海地区。2003 年是国家广电总局确定的"广播发展年"，从广告收入的数据来看，这一年北京电台创收将近 3 亿元，在全国电台中保持领先；广东电台在 2003 年的广告经营收入是 1.73 亿元，并且推出了"股市广播"、"教育之声"、"健康之声"等专业频率，多元发展；上海电台 2003 年的广告收入是 1.62 亿元，上海电台各广播频率通过集团化统一部署，获得了比原来更大的资源利用与调配权力，各频率按照明确的创收目标、运营成本、利润目标进行运作；2003 年，深圳电台的广告经营收入达到了 1.3 亿元，深圳电台通过开办"看得见的广播"，以多种形式的户外、现场活动提高品牌知名度，拉升收听率的方式获得了成功。

2010 年，全国广播媒体中广告收入最高的江苏省，达到 10.18 亿元，其次是广东省的 9.86 亿元，浙江省排在第三，是 9.00 亿元，而广告收入排名垫底的几个省份西藏、青海、宁夏全部集中在西部地区，分别只有 0.01 亿元、0.07 亿元和 0.13 亿元，排名最后的省份广播广告收入不到江苏省的 0.1%。图 2-2 为 2010 年中央直属与东部、中部、西部广播电视广告收入的比值。

从我国四级办广播电视的层级来看，中央级广播电台获得了对广播资源和广播经营更大的支配权力，凭借着先天优势，它们对广播经营的布局视野更开阔，步子更大，特别是自 21 世纪以来，中央人民广播电台的屡次改革，全面出击，运用全媒体布局经营广

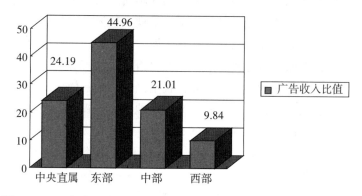

图 2-2　2010 年中央直属与东部、中部、西部广播电视广告收入的比值
数据来源:《中国广播电影电视发展报告(2011)》。

播，获得了很大成功。省级广播电台这些年通过积极的市场探索，有些已经成功上市，走上资本运营的道路；一些地市级广播电台经营得也算有声有色，再往下到县级，广播则完全是一片萧条景象，广播在与电视合并的过程中生存空间几乎被挤压殆尽，甚至没有专门的广播从业人员，更谈不上专门的广播经营了。从收入结构来看，总体来说财政拨款占全国广播电视系统总收入的比例逐年递减，由最高时的100%，下降至近年来的12%左右。其中，省级广播电台的数字比地市级广播电台更低。比如 21 世纪最初三年，省级广播电台财政拨款占其总收入的比例平均值为 1.8%，而地市级广播电台的这个比例为 2.8%。图 2-3 为 2010 年我国四级广播电视机构广告收入分布情况。

第二节　以经营求发展——广东电台经营实例

一、始于商品经济的探索

改革开放 30 多年来，中国广播的辉煌史应该从珠江模式开始书写，这里也是我国广播经营改革的发源地。"珠江模式"引发了广播节目形态的根本性变革和频率专业化建设的浪潮，促进了广播

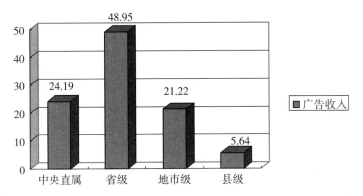

图 2-3 2010 年我国四级广播电视机构广告收入分布情况

数据来源：《中国广播电影电视发展报告（2011）》。

规模化经营和科学化管理。当然，珠江模式带来的最重要的变化首先是经营理念的转变，变传者本位为受众本位，从此，"听众是广播传播的主体"的理念开始植入广播电台决策管理者的脑海中。

广播经营的改革从广东开始是其所处社会场域推动的必然。1979 年，党中央、国务院批准广东、福建两省在对外经济活动中实行"特殊政策、灵活措施"，并决定在深圳、珠海、厦门和汕头试办经济特区，广东和福建成为我国最早实行对外开放的省份之一。广东成为我国改革开放的前沿，改革开放的宏观环境、高速发展的商品经济，加强了人们对经济利益的追求，迫切要求广播为经济建设服务，与此同时，这个最先进行对外开放的省份，除了接收到先进的思想观念之外，也是最先受到外来冲击的地方：在开放的环境下，当时的香港电台曾经一度抢走了广东电台七到八成的听众，广播电台自身的生存需要要求广播电台探索经营之路。商品经济高速发展的社会环境、竞争激烈的媒介生态、作为社会中的人对经济利益的空前追求，广播经营观念的引入，诸多因素使得广东广播决策者们开始自觉探索广播经营改革之路。

1986 年 12 月 15 日，珠江经济广播电台开播，"珠江通四海，经济第一台"的呼号吹响了新时期广播改革的号角。今天，当我们用"大板块、主持人、直播、热线互动"这些标签来概括珠江模式的内涵时，未免显得过于形式化，珠江模式所带来的革新式改变在于：

第一，听众本位理念，服务意识的确立。广播决策者们首先关切到受众变化了的心理和需求：受众要求实现舆论监督和社会参与，各环节对外部世界的关注，价值观念的更新，对大众化娱乐欣赏和多种服务的渴望。由此确立了办大众型、服务型、信息型、娱乐型电台的想法。开播时，全天广播 19 小时 15 分钟，逢整点播信息，逢半点播新闻。

按照听众喜欢听的形式办广播，根据听众需要来选择节目内容，也可以比作是从"以产定销"到"以销定产"的一种转变。珠江经济台在节目设置、内容安排、播出形式上都满足了听众的要求，以服务听众为出发点，它们在节目中第一次使用了热线电话的形式，让听众可以直接参与到节目中，让听众的主体意识和权利得到增强。因此，珠江经济台也被称为新时期第一个真正按照听众需求建立的广播电台。

第二，珠江模式引入了"与国际接轨"的思想，打破了传统媒体的陈旧观念，在受到外来广播强烈冲击的过程中，也努力吸收着国外、境外创办现代广播的理论和经验。1985 年珠江台开播前，香港电台与广东电台在广东省内的收听率比一度达到 7：3。广东台就大胆吸收借鉴香港电台、香港商业电台的节目形态和运作方式，并对欧美国家的广播经验也进行了学习和考察，再结合广东省的实际加以运用。从这个意义上来说，广东台也是最先学会"与狼共舞"的广播电台。

第三，珠江模式给死气沉沉的国内广播界注入创新之风，给安守现状的广播电台带来竞争观念，在竞争中求发展。珠江台开了新时期中国广播节目形式、经营管理的先河，暂且不谈珠江经济台节目形态的革新，经济台之后，新闻台、音乐台、英语台等系列台的开播，从宣传型向宣传经营型的转变，"事业单位，企业化管理"的实践，办"看得见的广播"，举行大型户外活动、户外直播室等创新举措频出。创新带来的直接效果就是，听众被迅速抓牢并锁定了，改革以后 4 个月，广东广播在珠三角地区的收听率就上升到了 78%，广告收入从改革前长期在 50～100 万徘徊，一下子增加到 1987 年的 328.8 万元，1990 年广告收入达到 638 万元，1998 年则一举突破亿元大关，成为我国省级电台中第一个过亿的电台。

需要指出的是，由珠江模式时期开启的广播经营，虽然带来了电台收入上的增长，但经营手法和经营理念仍处于初级阶段，尚未形成产业观念和产业规模。珠江模式时期广东电台的经营构成详见图 2-4。

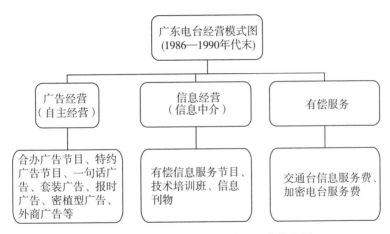

图 2-4 珠江模式时期广东电台的经营构成图

二、社会深化转型期的尝试

进入 21 世纪，特别是 2001 年 11 月中国加入 WTO 以后，中国社会在市场经济的轨道上不可逆转地持续发展，中国社会转型进入到深化期。广播形态、广播电台内部及电台间的相互关系、广播生态环境、生存状态都发生了改变，广播面临着全新的发展机遇和挑战。作为中国广播改革先驱的广东电台在这一时期也面临着被北京台、江苏台接连超越的局面，在经营方面，过去广告自主经营和信息有偿服务式的初级经营模式已经不能适应市场需要和激烈的竞争要求，体制不顺、机制不活、条块分割、低层次运作、小环境发展等矛盾也日益凸显。2003 年，广东电台提出了"跨越式发展"的战略思路，开始了整合资源创新探索。

1. 调整体制机制，联合发展

在新世纪激烈竞争的市场环境下，联合发展成为媒介发展的趋势。在社会转型进入到市场博弈阶段，利益各方追求的不再是你死我活的竞争冲突，而是互惠互利、合作双赢。在西方发达国家，通过联合发展来经营和运作广播已经成为一种常态。比如美国，两大公共广播网国家公共广播电台 NPR 和国际公共广播电台 PRI，通过节目制作这个核心纽带，分别将 700 家和 600 家独立的公共广播电台联合成网络，通过缴纳会费入会的方式，分享节目资源。而11000 家商业电台，也组成了 100 多个广播网，这些广播网有的是同一公司、不同城市间的联合，有的是不同公司、不同城市间的联合，也有的是同一公司多家电台间的联合，还有的是多家电台共用节目制作资源。借鉴国内外的经验，考察自身所处的实际，广东电台做出了联合发展的决策：

（1）通过成立广播影视集团推动整合台内及省内资源。2004 年1 月 18 日，南方广播影视传媒集团正式成立。在中国广播电视集团化浪潮中，广东人民广播电台不能算是先行者，但这个传媒集团却又创造了一个"全国第一"：全国第一家全省性广播影视集团，其成员不仅包括省级电台，还包括 19 个地市级广播电视台。这种打破条块分割、联合发展、贯通省市县三级广电系统的做法，反映了社会转型深化期，对整合媒介资源和社会资源的迫切要求，在联合发展的过程中，强化"主流媒体"的龙头作用，形成了独特的"南方模式"。

广东电台首先对台内资源进行了重新布局和调整，改变原来各自为政、恶性竞争、自我消耗的状况，变分散经营为集中经营，在经营政策上按照层级管理的原则，各专业广播实行综合营运成本与经济效益挂钩、独立核算的管理办法，通过调整为各频率内部强化管理,有效调整节目,控制经费使用,为调动人力资源、积极开拓市场提供了极大的自主空间。归纳来看,广东电台对台内资源的重组主要从以下几个方面展开:一是,成立组建天天精彩文化传播公司,以音乐之声、太平洋影音公司为龙头,形成推广宣传、营销策划等方面的优势互补;二是,2005 年起实行九个频率的广告代理制,通过代理,优化了广告结构,创收能力明显提升;三是,整合全台信息资源,成立新闻信息网络库,将分散在各频率的新闻、金融、股市、文艺、交通、生活服务信息集中整合起来,让信息全台流通,使资源得到最大利用;四是,频率之间联动,共同策划参与活动,九套频率资源共享,倾力协作。

重组台内资源,优化产业结构是横向联合,贯通省市县三级广播则是纵向联合。从 2002 年起,广东电台就加大了全省广播新闻协作体系的建设,将过去由省台一家唱主角的格局改革为全省电台共同策划组织报道、共同创新广播新闻宣传。在省台的推动下,地方电台形成了"合力打造广东广播新闻的响亮品牌"的共识,地方电台定期派人到省台学习交流,联合 22 家地方电台联合推出大型报道等。2003 年,广东电台开始筹建全省广播新闻数字交换网,投入 200 万元建成广播新闻数字交换平台,将这个平台构建在省广播电视 SDH 骨干网上,依托省广播电视监测网的网络实现数据的传输。这个平台在 2005 年 7 月正式投入使用,实现了全省 22 家地市电台之间的新闻资源共享,节目交换、合作与协作。

(2)跨地区合作。跨地区合作是广东电台在办台理念、经营理念上的又一次突破。任何一个广播媒体所拥有的资源都是有限的,通过跨地区合作,分散累积的资源可以同时且低成本地运用了各成员台内部,实现协同效应和互补效应。跨地区合作还可以降低节目开发推广等市场风险,变竞争为联合,提升节目和频率的影响力。2004 年,广东电台的经营收入已经位居全国省台第一名,2005 年广东电台与广西梧州电台签订了国内广播电台第一份跨省联合发展协议。广西梧州电台在法律、政策允许的范围和前提下,委托广东电台制作、播出、管理和经营，广东电台将投入人力、财力、物力打造"泛珠江广播网"的构想。通过联合发展，2006年，广西梧州台超额完成了年度指标的20%。2006年这种探索在广播媒体中成为趋势，越来越多的广播电台借助跨区域合作的方式完成大型报道和活动。中央人民广播电台进行了全球20多家华语广播机构的新年联合直播，山西、湖南、湖北、河南、安徽、江西中部六省电台也在这一年实现了全国两会的联合直播报道。

2. 搭建跨媒体平台

经过几年的运营，广东电台发展成为拥有九套广播频率，两份报纸(包括纸质和电子版)、两套网络广播、三套电视频道、三家公司的跨媒体跨行业媒介组织机构。几种媒介形态之间以广播为支柱，互相带动，互相依托。比如股市广播和《投资快报》，走的就是一条资源共享、优势互补、广播带动报纸，广播、报纸比翼双飞的发展之路。股市广播在社会上已经有一定的影响力，拥有稳定的听众群，《投资快报》发挥报纸媒介的优势，推出重磅报道，延伸和弥补广播媒介的不足，吸引市场资源，提升经营业绩。"南方模式"形成时期，也正是我国加入WTO，对外开放度和依存度不断增强的时期，随着与全球媒介的广泛接触，广东电台实施国际化发展战略，如广东卫星广播(原广东人民广播电台新闻台)，使用"亚洲二号"卫星信号传送，覆盖范围到达太平洋、东欧、非洲、澳洲等地，覆盖人口超过20亿，试图打造一个全球性的广播业务、经营业务的交流与合作网络。2003年广东电台经营总额达到2.51亿元，2004年达到2.78亿元，居全国省级电台首位；2005年，总创收实现新的跨越，达到3.24亿元，比2004年净增了5400多万元，增幅达到20.2%；2006年的经营收入是3.63亿元；2007年，在全国广播电台广告收入的重要来源医疗卫生类节目受到国家广电总局的严厉整顿后，通过转变创收方式，平台转移，扩宽渠道等方式，实现了3.89亿元的收入；2008年，广东广播的广告收入达到9.17亿元，继续居于全国省级电台首位(表2-2)。

表2-2　　　　　　广东人民广播电台的跨媒体运营平台

媒介类型	媒介名称	媒 介 简 介
广播频率	广东卫星广播 FM91.4	原广东人民广播电台新闻台，通过"亚洲二号"卫星传送信号，覆盖范围东到太平洋，北到东欧、俄罗斯，西到非洲大部分地区，南到澳洲、新西兰，覆盖人口达20多亿
	珠江经济台 FM97.4	国内第一家经济电台，"珠江模式"的发源地，创办于1986年，频率覆盖广东、广西、海南、湖南、香港、澳门等周边地区。以新闻资讯为主要特色，为听众提供高品质资讯节目，为华南地区最大型、最权威的经济类电台
	音乐之声 FM99.3	专业音乐电台，突出欣赏性、娱乐性的节目，同时播出新闻、体育、社会生活等资讯。覆盖人口7200万，全天24小时播出，通过互联网同步实时播出
	城市之声 FM103.6	都市类型电台，以节目丰富、有活力和充满都市色彩为特征，覆盖人口4000万，全天24小时播出，为听众提供高品位、多角度、多层面的节目欣赏
	羊城交通台 FM105.2	以宣传交通、服务交通、促进交通文明建设为宗旨的新型专业电台，全天24小时粤语播音，覆盖广州市及珠江三角洲地区。全天60多次播出市区及高速公路交通信息，并实时插播交通事故和海陆空交通信息
	南方生活广播 FM93.6	专业广播电台，全天24小时播出，覆盖人口3000万，以百姓生活为依托，以健康为亮色，传播"品位生活，享受人生"的时尚理念
	股市广播 FM95.3 AM927	广东省唯一股市专业电台，成立于1993年，全国第一家以SCA副频道加密播出的证券类专业台，具有权威、快捷、参与性强等特点，全天24小时播出，覆盖广州及珠江三角洲地区
	文体广播 FM107.7	具有鲜明文体特色的专业电台，播出最新、最快的文化、体育、娱乐、音乐、生活等信息，全天24小时播出，覆盖人口4000万
	南粤之声 FM105.7	全国第一个专门面向港澳地区、服务港澳地区的广播频率，全球首家采用SRS5.1环绕立体声广播设备，以健康、时尚、明快为总体风格，播出新闻和综合信息为主，与腾讯公司合作推出流行音乐排行榜

续表

媒介类型	媒介名称	媒介简介
网络广播	广东广播在线 http：//www.rgd.com.cn	广东人民广播电台门户网站，提供旗下9套广播频率、网络广播的在线收听和网络点播，声报、投资快报电子版阅览，集团动态，动态资讯，视频点播等
	广东青少年网络电台 http：//www.younggd.com	简称YOUNGGD网，2007年开通，专门针对青少年的多媒体网络电台及互动社区，以"学生办网"为特色，充分发挥大学生群体的主观能动性，让大学生群体参与到网络的策划和运营中
报纸	《声报》（提供电子版）	以"传岭南之声，报广播精彩"为口号，其前身是《广东广播报》，周报，全国发行，每期有电子版。它是一份集广播影视、音像娱乐、时尚消费为一体的家庭消闲类报纸，向读者提供广播、影视方面的节目预告和介绍
	《投资快报》	《投资快报》成立于1993年12月28日，以"快捷、权威、简明、实用"为特色，为投资者提供及时、有效的资讯和投资建议，在全国财经证券界中有较强的影响力，每周一到周六出版
电视频道	广东游轮旅游频道	数字电视频道，全国第一家由省级广播电台开办的电视频道，是广东电台向纵深发展的标志，2006年4月开播，信号除覆盖广东外，还到达北京、上海等国内主要城市
	广东开心购物频道	广东人民广播电台倾力打造的专业电视购物频道，提供即时互动的电视购物和消费资讯节目
	珠江电影频道	珠江电影频道是经中国广电总局批准，由珠江电影集团和南方传媒集团广东电台共同创办、广东珠江电影文化发展有限公司经营的地方性电影专业频道，于2008年12月30日开播

续表

媒介类型	媒介名称	媒 介 简 介
其他	太平洋影音公司	集制作、出版、生产、发行为一体的现代化音响企业，成立于1979年
	珠江广播电视广告公司	广东人民广播电台下属经营部门，全面代理广东电台旗下9频率和2份报刊的广告业务，提供文化娱乐活动策划、咨询服务
	广东天天精彩传播有限公司	广东电台下属的文化企业，以策划组织大型活动、文艺演出、社会公益活动见长

资料来源：广东广播在线，http://www.rgd.com.cn/。

3. 构建品牌整合营销传播体系

广东电台9套广播频率之间如何做到避免同质化竞争，甚至是恶性竞争，变抢蛋糕为做蛋糕，他们打出的是品牌整合传播战略。从2001年开始，理论界最先认识到传媒品牌的竞争将是媒介发展的重要战略选择，将品牌思维和品牌战略引入到业界。品牌代表着一个企业或产品的文化形象，它不仅是商品标识，而且是信誉标志，是对消费者的一种承诺。① 对广播听众来说，品牌是竞争的武器和致胜的法宝。广播频率一旦形成品牌，就会获得听众的关注和信赖，并最终锁定听众。从20世纪90年代系列台的一哄而上，到21世纪，系列台专业化运作，走上品牌之路，广东电台的实践表明，形成品牌就抢占了传媒竞争中的制高点，为自身发展争得了一席之地。

广东电台的经营始终紧跟市场的脉搏，首先是详细的市场调研，对广播频率的听众市场进行了细致的分析，了解听众需求——他们说什么、做什么、他们的兴趣是什么——然后再回来给频率定位，设置节目。根据听众的需求办广播是"珠江模式"开创的传统，

---

① 陈先红. 试论品牌传播的消费者导向原则[J]. 现代传播，2002(1).

广东电台在贴近市场方面始终有着敏锐的洞察力。1996年起，广东电台就首先与国内第一家专门从事广播调研的专业机构——赛立信媒介研究公司合作，采用国际上通用的日记法和规范的指标体系，开展科学的收听率调查，为节目评估搜集第一手的市场数据。2001年起，又扩大了合作范围，综合评估央视—索福瑞、AC尼尔森、赛立信等市场调查公司的数据，结合竞争对手的市场表现，根据市场调研找准市场，找准目标听众，根据目标听众决定广播节目的内容、形式、风格，打造专业频率的品牌形象，提高专业频率的占有率(表2-3)。

表2-3 广东电台9套广播频率品牌差异化定位及目标人群表

专业广播频率	媒介定位及媒介理念	目标人群
卫星广播 FM91.4	政治宣传功能，新闻资讯第一台："快乐广播，'新广东人'的广播"	全省15~70岁机关干部，大专院校学生，驻粤部队官兵，广东境内初中以上文化程度居民
珠江经济台 FM97.4	信息服务，新闻资讯，经济生活资讯服务，大众型、信息型、服务型、娱乐型	广东省内以粤方言为母语的20~45岁的听众
音乐之声 FM99.3	音乐、娱乐、时尚、年轻，为广大听众提供各种音乐	40岁以下，高中以上文化程度各阶层音乐爱好者
城市之声 FM103.6	资讯领航，以资讯娱乐和城市文化为主要特色	生活在城市的13~30岁的青年人
南方生活广播 FM93.6	时尚广播："品味生活，享受人生"，以时尚生活为主要内容	40岁以上追求健康、生活品味的中老年人
羊城交通台 FM105.2	宣传交通，服务交通：为广州乃至珠江三角洲听众提供交通信息和服务	20~60岁驾车人士和部分家庭听众
股市广播 FM95.3	财经专业频率，为证券投资者提供证券信息及股市行情分析	18岁以上成年投资者

续表

专业广播频率	媒介定位及媒介理念	目标人群
文体广播 FM107.7	华南地区唯一以文化、体育定位的电台，传播高质素文化、体育、娱乐资讯。倡导每天阅读1小时，每天运动1小时的生活方式以及轻松看世界的生活态度	
南粤之声 FM105.7	以新闻和综合信息为框架，以文化娱乐和市场消费为内容，立足深圳、面向港澳；流行、快乐，在深圳	

资料来源：广东广播在线、赛立信媒介研究。

　　广东电台品牌经营体系至少包括五个层次：广东台品牌、频率品牌、节目品牌、传播者品牌、延伸品牌（户外活动等）。广东台品牌是指广东电台整体在听众心中留下的烙印或形象；频率品牌是指广东电台旗下特定频率在听众心中的印象；节目品牌是指某一频率特定节目在听众心中的印象；传播者品牌是指主持人、编辑、记者在听众心中的印象；延伸品牌是指广播电台为推广自身创办的各种活动在听众心中的印象。其中，广东台品牌是主品牌，其他品牌为分属不同层次的子品牌。主品牌是引领，不同层次的子品牌互相作用、共同托举，将品牌做强做大。作为大众媒介，品牌形成的基础是公信力，是媒体与受众间互动效果的一个表征，广东电台在多年建设过程中注重媒体公信力的建设，通过重点重大报道、舆论监督、公益活动等，树立南粤上空最强音的广播品牌形象。品牌的培育需要一个长期的过程，品牌形象一经确定也并不是一成不变的，而是根据市场变化适时调整的。"只有在动中取变，变中求新，形成自己的风格和特色，受众对品牌的忠诚度才能不断得到强化。"①比如广东电台教育之声，成立以后创办了一些特色鲜明、有针对性

————————

① 张晋升.广播经营：用品牌说话[J].中国广播电视学刊，2008(1).

的节目，但是在经营创收方面一直不理想，人员的长期从业热情受到影响。广东电台根据市场需求和经营需要及时进行了定位和结构调整，2005 年 10 月，教育之声更名为文体广播，突出文化、体育专业形象，频率运营状况得到了极大改善。同样的情况还出现在 2005 年 12 月，广东电台健康广播更名为南方生活广播，目标听众群不作变动，节目内容和构成发生了改变，听众的忠诚度更高了。

从珠江模式到南方模式，从商品经济初级阶段的单一广告经营，到市场经济时代的多元经营，从广播经营到经营广播，作为中国改革开放的前沿阵地，作为全国省级广播电台经营创收的排头兵，在中国政治、经济、社会改革过程中，广东电台的属性、规模、管理模式，乃至经营理念、经营战略、经营方法等不同层面都发生着巨大的变化，在"摸着石头过河"的思路下，广东省做出了不少有益探索，因此，选取广东电台广播经营实例颇具典型代表性。广东广播电台在经营管理上的进化模式详见图 2-5。

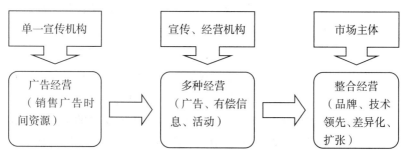

图 2-5 广东广播电台在经营管理上的进化模式图

第三节 广播经营发展的制约因素及对策

改革开放 34 年来，广播媒介经营的变革是媒介改革的整体体系中创新最多、变化最大的一块。在这一过程中，广播的创新大多与社会的转型同步发生，是广播发展的外部环境与内部要素产生的合力效应，是广播从原有的常态中取得的突破，是一种更大胆的变革。① 在经营领域，这种变革更充满了未知的风险，广播经营管理在与社会转型互动中存在和不断出现着内部要素与外部环境的制约因子，呈现出与转型期社会一致的价值缺失、利益博弈、观念碰撞、组织失衡，阻碍了广播经营乃至广播媒体整体在规模、效率、模式等方面的扩张和深化，以及社会公信力的树立。

一、制约广播经营发展的内部因素及表现

1. 掠夺式经营损害公众利益，破坏广播生态环境

"掠夺式"经营的症结在于广播经营结构的不合理和市场主体对利益最大化的追逐。时至今日，广播经营的主要收入来源仍然是广告，因此在有限的频率资源里，各家广播电台都最大限度地挖掘出广告的营利潜力。2004 年，国家广播电影电视总局曾颁布对广告播出进行严格规定的 17 号令，即《广播电视广告播放管理暂行办法》，其中规定："广播电台、电视台每套节目每天播放广播电视广告的比例，不得超过该套节目每天播出总量的 20%。其中，广播电台在 11：00 至 13：00 之间，电视台在 19：00 至 21：00 之间，其每套节目中每小时的广告播出总量不得超过节目播出总量的 15%，即 9 分钟。"在 2004 年 17 号令的规范下，广播电台大打擦边球，与报纸扩版相类似，分频播出、全天候 24 小时播出成为广播扩充频率资源、抢占广告时间的主要手段。此情形从近几年来，全国广播媒体总播出时间呈现增长态势，增长率远超过节目制作时间的态势可见一斑。

到 2009 年国家广播电影电视总局颁布《广播电视广告播出管理办法》，放宽了对广告时长的规定："播出机构每套节目每小时商业广告播出时长不得超过 12 分钟。其中，广播电台在 11：00 至 13：00 之间、电视台在 19：00 至 21：00 之间，商业广播播出总时长不得超过 18 分钟。"2009—2011 年全国广播媒体节目制作及播

---

① 凌昊莹. 广播经营战略研究［M］. 北京：中国传媒大学出版社，2009：53.

出时间变化情况详见表 2-4。

表 2-4　　　　　　　**全国广播媒体节目制作及播出时间变化**

年份	广播节目播出时间（万小时）	增长率（%）	广播节目制作时间（万小时）	增长率（%）	广告播出时间（万小时）
2008	1162.97	3.17	649.40	2.55	108.63
2009	1226.55	5.47	671.65	3.43	
2010	1266.03	3.22	681.42	1.45	

数据来源：《中国广播影视发展报告 2009—2011》。

广播电台过分倚重广告，特别是医疗热线等"坐台广告"的经营结构在 2006 年前后达到了受众忍耐的极限，医疗热线、电话竞猜等广告节目在各家广播电台大行其道，在这一年国家出台了管理政策专门约束和规范广播电台医疗热线类节目的播出。在北京台、广东台这些位居全国省级广播电台前列的电台中，医疗热线广告尚且占据了相当的比例，其他电台，甚至一些省台，医疗热线广告比例超过 50%，听众甚至直接称呼某些电台为"卖药台"。这种掠夺式经营在短期内确实可以增加经济收益，缓解广播媒体的生存压力，但掠夺式开发频率资源和节目时段，无视媒体的社会责任，传递虚假广告信息，超出了受众的忍耐度，换来的是广播生态环境的严重破坏。广播频率是一种公共资源，经济学认为，公共资源具有竞争性。也就是说，当一方在对公共资源进行使用的同时，其他人对这一资源的使用就会减少。经济学还有一个外部性理论，当一方当事人的活动降低了另一方当事人的福利水平时，就产生了负的外部性。负的外部性包括垄断、公共利益的缺乏、社会的不均等。广播电台播出的广告是可以产生经济效益的利己信息，在广播频率资源有限的情况下，这类利己信息播出得越多，相对利他的，即听众所获得的信息就越少，负的外部性会造成听众资源的流失，不利于广播的持续发展。

2. 广播内容产品良莠不齐，经营缺乏有力支撑

在市场经济条件下，将广播媒体看做新闻生产机构，其生产内容产品质量直接关系到广播媒体的市场占有率和市场价值。可惜的是，在多数电台决策者将经营创收的重心放在了出售频率资源和节目时间段上，而忽视了对精品节目的打造，广播经营缺乏向纵深发展的有力支撑。更为普遍的情况是，出于迎合市场、娱乐大众，迎合企业客户和社会精英阶层的考虑，广播节目出现了太过随意，嫌贫爱富，内容庸俗化、泛娱乐化的现象，从改革开放前否定受众需求的合理性的一个极端，走到了完全迎合受众需求的另外一个极端。比如，娱乐节目庸俗化，主持人在节目中矫揉造作，语言粗俗，有些节目的男女主持人在节目中用非常亲密的语气互相挖苦、调侃，时任国家广电总局副局长的胡占凡曾经在一次谈话中痛陈节目低俗现象，他说："广播节目中'撒娇'问题非常严重，一些主持人主持节目听起来像中学生在宿舍的密室聊天，完全忘了在向大众广播。"[①]比如夜间谈性节目，午夜故事节目，大肆渲染淫秽、鬼怪、凶杀、灵异等内容，这种源于西方"黄色新闻"的表现方式，从表面看迎合了受众的猎奇心理，其后果确实损害了大多数公众的利益，在社会上造成了恶劣影响。

3. 经营人才缺乏，人员素质结构偏低

广播经营人才的缺乏成为制约广播经营扩张的一大软肋，这种缺乏不仅仅在执行层，更致命的在管理层。包括广播媒体在内，在职的经营管理者大多是从事过采编工作的人员，他们擅长新闻报道、媒体内容生产，却缺乏媒体经营管理的专业知识和媒体市场运作的实践经验。加之长期以来广播人员结构素质偏低，在传媒业的内容生产与加工质量水平上，还处在落后状态，近年来，随着大量新鲜血液的注入，广播从业人员结构素质有所改善，但是居于管理层的高素质人才并不多。在信息技术瞬息万变，新媒体对广播步步紧逼的今天，人员素质结构问题已经成为影响广播电台发展的制约

---

① 赵楠楠. 广电总局领导痛陈节目低俗"撒娇"现象严重[N]. 京华时报，2005-08-27(A23).

因子。

二、制约广播经营发展的环境因素

广播经营体制不顺、媒体身份模糊、政府直接干预大大多于间接调节是制约广播经营发展的主要环境因素。在我国，媒体是工业、公众服务、政治机构的集合体，改革开放 30 多年来，政府、媒介管理部门、媒体自身试图将这三种身份的界限厘清，但是至今，我国媒体的身份仍然不甚清晰，因此产生了诸多问题。从性质上来说，媒介归国家所有的本质不能变。党管媒体，准入制度不能变。从运作机制来说，既执行政治宣传功能，通过现行体制获得垄断权力和社会公信力，又要通过市场经营获得经济收益来维持媒体的再生产，这种体制的矛盾让媒体陷入了"两头沾"而不能自拔的怪圈。承担宣传功能的媒体，同时又是追逐利益最大化的主体，因此，出现了媒体在经营上"一抓就死，一放就乱"的怪象。2002 年 11 月，党的十六大召开，拉开了文化体制改革的大幕，提出"发展文化事业和文化产业"的区分，2003 年 12 月，国家广电总局下发了《关于促进广播影视产业发展的意见》，将广播影视业区分为公益性事业和经营性事业。对公益性事业和经营性事业的区分，是对广播媒体经营扩张的助推器，但是，从实践来看，这种区分存在着更多政策和操作层面细致的剥离、整合和建设，其时间周期也许要持续第二个 30 年。

广播经营走到今天，已经不再是当初广播人为解决吃饭问题而做出的应对之举，但广播经营管理之路却始终关乎广播媒体在市场经济体制下的生存与发展。30 多年来，我国广播经营管理改革始终在国家与媒体之间，媒体的社会效益与经济效益之间的张力下进行，制约广播经营发展的环境因素，说到底，仍然是广播媒体身份模糊，广播经营主体不明晰。媒体经营管理改革的推进从某种意义上说是国家与媒体博弈的过程，媒体经营管理制度的变迁一方面发端于市场环境下的诱致性变迁，另一方面一旦获得国家认可，进入相关政策层面，就转化为国家权力推进的强迫性变迁。当无法获得国家认可时，就只能在体制边缘徘徊。从 1978—1986 年的经济建设时期，到 1987—2002 年的经济调节时期，再到 2003 年以后的公共服务、社会和谐，当国家权力着力点在 30 多年间不断变迁时，媒介经营管理改革的方向和进程也发生着变化。

广播媒体身份、经营制度的明晰必须依靠文化体制改革的进一步深化，广播电视作为第三产业的定位早已明晰，产业是由企业团体组成的，如果没有真正的媒介企业，如果不能真正地实现企业化运营，就谈不上真正的产业化。目前广播电视亦事亦企的身份使其市场服务主体的意识相对缺乏，发展的动力、压力、活力不足，管理制度和运营策略无法建构。因此，必须对媒体属性进行明确的区分和重组，将集团内部公益属性明确的主流媒体剥离出来，由国家和集团拨款的方式维持其运转，突出其宣传功能、舆论引导功能、党的喉舌功能，对集团内已经具备商业经营条件的媒体，在产权上归国家所有，在运作上完全产业化，充分按照市场经济规律运作。

广播媒体经营管理的改革还应该涉及媒体内部层面的管理体系，对媒体内部管理层面的诸多问题比如人事制度、财务制度，生产管理、设备管理等，进行重新的设计，这些问题的解决首先应该建立在媒介体制层面的上位问题解决之后。

第三章　广播专业化与社会多元化

专业在中国的出现与发展，是在一定的历史背景和社会发展条件下产生的。1986 年 12 月，在改革开放前沿阵地的广东，珠江经济广播电台的开播拉开了广播专业化的序幕；1991 年，我国第一家以播报专业交通信息为主的专业广播媒体——上海交通台成立，满足浦东开放开发后城市建设规模扩大以及汽车工业发展带来的社会需求；1993 年，北京音乐台成立，音乐台的出现是城市化在精神层面的体现。一个多元发展的社会将广播带入了专业化发展的巨大变革之中。

第一节　广播专业化发展的社会基础

广播专业化主要是指广播频率的专业化，这一过程亦可看做在社会生态环境变化中发生的广播种群与环境之间、广播种群与种群之间、广播种群内部个体之间关系的变化与互动。广播种群与环境指的是广播频率及其生存的社会政治、经济、文化环境，广播种群与种群之间指的是广播频率与频率专业化发展中的竞争与合作，广播种群内部要素则包括节目内容、经营管理、干部队伍、组织设施、资源结构、技术保障等方面的专业化。

当代中国广播专业化实践的起点应该从 1986 年 12 月 15 日第一家专业化广播电台广东人民广播电台珠江经济广播的开播开始。此后 5~10 年，这种新颖的广播模式在全国各地遍地开花，形成了创办经济台乃至创办专业广播的热潮。

1986 年至今，中国广播专业化发展史上出现过几波大的创办热潮，按照时间顺序大致分为：经济台热潮，1986 年珠江经济台开播，此后五年，全国各地电台纷纷参照珠江台模式进行改版，形成了经济台最兴旺的时期；交通台热潮，1991 年 9 月 30 日，我国第一家交通广播频率——上海电台交通信息台成立，随着私家车保有量的攀升，1999 年前后交通台在全国各地集中涌现，到 2006 年，交通台的广告增幅总量连续 4 年保持在 25% 的水平上；1993 年 3 月 1 日，北京电台音乐台开播，20 世纪 80 年代末期到 90 年代末期是全国开办音乐台数量最多的时期，形成了地方电台音乐化浪潮；2005 年前后，广播专业化探索出现了故事广播的热潮，从 2005 年 1 月 12 日，合肥人民广播电台故事广播试播开始，短短两年多时间，全国一下子涌现出 50 多家故事频率；如今，风头正劲的专业化广播当属新闻广播，新闻广播大多由各家电台原本承担宣传喉舌功能的综合广播改革转型而来，以中央人民广播电台"中国之声"为代表的新闻广播经过数次改版逐步成为传播新闻、引导公共舆论、表达意见的专业化广播频率。

　　关于广播专业化概念的内涵和外延，研究者们有一些比较集中的认识，孙孔华、谭奋博认为广播频率专业化是指"广播电台根据市场的内在规律和广播听众的特定需求，以一个频率为单位进行内容定位划分，使节目内容和频率风格能够比较集中地满足某些特定领域广播听众的需求"①。黄升民等认为："所谓'专业化'就是市场细分，是按市场规律进行市场分工，属于资源整合。专业化最显著的特点就是专卖店。也就是每个专业广播把自己的相关资源进行整合后形成的一个统一的、整体性的频道资源。专业化有四个特征：①集中发挥特长；②个性鲜明，引起听众注意；③方便受众收听；④与广告商的投放原则一致，方便广告商进行投放。"②广播频率专业化就意味着广播频率运行转向"窄

---

　　① 孙孔华，谭奋博. 频率专业化——广播与时俱进的必由之路[J]. 中国广播电视学刊，2002(10).

　　② 黄升民等. 中国传媒市场大变局[M]. 北京：中信出版社，2003：115.

播"，"从共赏转向分赏，从大众化走向小众化"①，满足目标受众分层次的信息需求。

改革开放 30 多年来，中国新闻事业最突出的变化就是结束了一报两台(一家综合性日报、一家综合性人民广播电台、一家综合性电视台)的单一化的媒介结构，转而初步形成多层次、多品种的媒介新格局。广播专业化的分化构成了媒介新格局的重要内容。电台数量和节目播出套数是直观反映广播专业化分化的两个指标。20世纪 80 年代至今，虽然在行政力量的直接介入下，我国广播电台数量经历了一个较大的起伏过程。1996 年 12 月 14 日，中共中央办公厅、国务院办公厅下发《关于加强新闻出版广播电视业管理的通知》(37 号文件)，对国内广播、电视系统进行了一次自 1949 年以来规模最大、最彻底的登记核查。原有的四级办广播的格局被压缩，规定：地区及地区直属机关所在县市不再分设广播电视播出机构，已经分设的予以合并；市辖区不设广播电视播出机构，乡镇不设电视播出机构；现有县广播电台、电视台、有线电视台要合并为一个播出实体，等等。广播电台数量从 20 世纪 80 年代每年以 100家的速度增加，到 1997 年达到 1363 家，再到 1998 年整顿后陡然回落到 298 家，并在 2010 年再次减少到 227 家②，广播电台绝对数量在政府的直接介入下呈现出断裂状减少态势。但是，分析广播节目套数和广播电台数量的比值可以发现，平均每座电台播出的节目套数从 1985 年的 1.37 套，到 1997 年整顿前的 1.19 套，再到2010 年的 11.91 套③，如图 3-1 所示。

30 多年间，特别是 1997 年至 2012 年的 15 年间，平均每家广播电台拥有的节目套数增长了 10 倍，广播节目套数、每日播出时长和自办节目数呈现快速增长。这个数字的背后，是我国广播频率

---

① 　林晖. 类型化——中国广播电视发展的必由之路[J]. 新闻记者，2001(9).

② 　数据来源：《中国广播电视年鉴》(1986—2011 年)。

③ 　根据《中国广播电视年鉴》(1986—2011 年)数据计算。

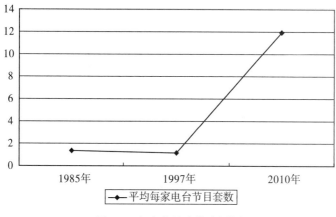

图 3-1　电台节目套数发展图

专业化发展的有力推动。30 多年前，几乎每家广播电台都只拥有一套综合性的广播频率，综合播出新闻、信息、娱乐、体育、天气、文艺等节目，而到 2010 年，平均每家广播电台拥有超过 10 套广播频率，每套频率重点播出一类节目，比如交通频率实时播出交通出行信息，新闻频率播出国内外、本地的新闻事件，音乐频率播出国内外音乐，体育频率侧重体育赛事解说和信息传递等。

　　尽管我国广播经过 30 年的发展，在专业化道路上进行了不少探索，但是放眼世界上广播分化程度最高的国家——美国，我国广播专业化只能算处在起步阶段。1955 年美国第一家 CHR（Contemporary Hit Radio）音乐类型电台 KOWH-AM 诞生，以播出 TOP40 音乐为主，从此，细分受众需求使美国广播找到了走出电视挤压困境的思路。目前，全美拥有 15000 家广播电台，按照目标受众群的不同，细化出了数十种专业类型。比如，占美国广播市场份额最大的音乐电台，类型划分十分细致，音乐电台又被分为老式摇滚、旅途音乐台、黑人音乐台、爵士音乐台、乡村音乐台、现代音乐台、怀旧音乐台、流行金曲台等。经过 50 多年的演变，专业广播成为世界广播史上最主要的广播运行模式，我国广播专业化仍具有广阔的发展空间。

一、市场高度分化

市场是买者和卖者相互作用并共同决定商品或劳务的价格和交易数量的机制。① 从营销者的角度来说，如果卖主构成行业，那么买主就构成了市场，也就是由有特定需要或者欲望、而且愿意并能够通过交换来满足这种需要或者欲望的全部潜在顾客构成。② 阿尔文·托夫勒在《第三次浪潮》一书中指出，在市场条件下"尽管政治结构不同，但是不仅产品可以买卖和交换，而且劳动力、某种思想和见解、艺术和灵魂也可以同样买卖和交换"③。

改革开放 30 多年来，市场的成长、扩大、成熟和分化是广播向专业化方向发展的重要推动因素。1956 年后，我国参照前苏联建立了单一的、高度集中的计划经济体制，中国的传媒业在这种体制下形成了统一的、高度集中的宣传体制，广播电台是党的喉舌，广播主要起着宣教作用。20 世纪 80 年代开始，国家对商品实行了双轨制，媒体运营的成本飙升，国家对广播电视的财政供给越来越不能满足广播电视节目播出和事业发展的需要，1986 年第一家专业化广播电台珠江经济广播的诞生就是在市场这只"看不见的手"开始发挥作用之后，广播电台谋生求发展的选择。进入 20 世纪 90 年代后，市场经济体制得到确立，我国经济环境发生了巨大变化，市场经济发展进入快车道。2003—2011 年，中国经济以年均增长 10.7% 的速度，使经济总量在世界的排序，从第 6 位上升到第 2 位。学者陆地曾经在 1999 年作过这样一个统计结论：一个国家的电视产业规模与这个国家经济实力总量呈正相关关系④。随着中

---

① ［美］保罗·A. 萨缪尔森，威廉·D. 诺德豪斯. 微观经济学［M］. 萧琛等，译. 北京：华夏出版社，2002：21.

② ［美］菲利普·科特勒. 营销管理（第 9 版）［M］. 梅汝和等，译. 上海：上海人民出版社，1999：13.

③ ［美］阿尔文·托夫勒. 第三次浪潮［M］. 北京：中信出版社，2006：95.

④ 陆地. 中国电视产业发展战略研究［M］. 北京：新华出版社，1999：175.

国市场经济规模的不断扩大，广播电视产业规模也呈现增长。2006
年，我国广播电视总收入为 1099.12 亿元，增长率为 18.04%，到
2010 年，我国广播电视总收入达到 2301.87 亿元，增长率达到
24.23%，详见图 3-2。

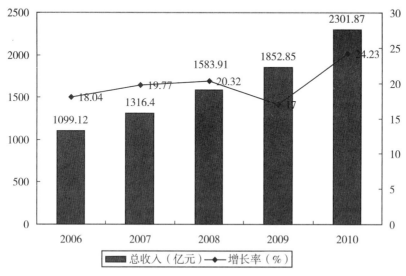

图 3-2　2006—2010 年我国广播电视总收入统计图

数据来源：《中国广播电影电视发展报告》(2007—2011 年)。

学者喻国明在《媒介的市场定位》一书中曾经做出过这样的表
述："对于 90 年代以来的中国媒介，如果我们抛开市场去解释，
那么我们就失去了解释它的权利和分量。因为 90 年代以来，中国
媒介的发展，主要是在市场因素不断进入、不断加强、不断发挥作
用的基础上推动它变化的。市场因素应该成为我们中国做媒介的
人、关心媒介的人最应该关心的热点。"①快速发展、高度细分的市
场催生了广播种群在数量、形态上的变化。

① 喻国明．媒介的市场定位——一个传播学者的实证研究 [M]．北京：
北京广播学院出版社，2000：88．

二、受众碎片化

广播专业化的集中兴起开始于 20 世纪 90 年代中期，这一时期正是我国社会阶层进一步分化和定型化，受众生活状态进入快速分化和碎片化的时期。到 21 世纪，碎片化成为定义受众状态的重要词语。"碎片化"（fragmentation），最早出现在 20 世纪 80 年代末期的"后现代主义"研究文献中，"后现代"这个文化概念是对信息化社会涌现的一种反思和批判传统理性主义、科学主义的精神生存状态。美国后现代理论家佛雷德里克·杰姆逊曾经从非中心化主体的消亡和自我的多重化与碎片化、肤浅和缺乏真实感、生活的断裂、历史感的丧失等四个方面清晰勾勒当代社会中人的生存状态。① 也可以理解为"信息的轰炸、生活节奏的加快，使人们感受到一种'耗尽'的状态，连续的工作，体力消耗得干干净净，人完全垮了；使人体验到的是一个变形的世界，感觉不到自己的存在，"自我"已经被生活撕成了碎片"②。

广播专业化的实质来自受众的"细分市场"：是在竞争环境中，广播对顾客偏好与产品特性的结合，从而创造出压倒其他对手的竞争优势，广播专业化的过程正是在中国社会群体和受众需求分化的推动下展开的。在中国社会从总体性社会向分化性社会转型的过程中，从 20 世纪 80 年代开始，社会阶层的碎片化已经开始发生。"中国总体性社会在很短的时间内发生解体，整个社会被切割成无数的片断甚至原子，也可以称之为社会碎片化。"③社会阶层间不断扩大的差距，导致人们生活方式、生存状态、意识结构发生了多样化趋向④，人群被碎片成诉求多样化、观念多元化、差异化的各类

① ［美］杰姆逊. 后现代主义与文化理论［M］. 唐小兵，译. 北京：北京大学出版社，1997：56.

② 吕尚彬. 后现代广告：人本观广告的新形态［J］. 新闻与传播评论，2002：115.

③ 孙立平. 转型与断裂［M］. 北京：清华大学出版社，2004：52.

④ 黄升民，杨雪睿. 碎片化：品牌传播与大众传媒新趋势［J］. 现代传播，2005（6）：7，8.

群体。

与社会结构变化同时发生的，还有我国经济结构的变化。经过改革开放 30 多年的第一次转型，我国成为生产大国，现在，中国经济又经历着从生产型向消费型的第二次重要转型，由生存型阶段步入发展型阶段，城市化成为这一转型的主要途径。在城市化过程中，人口流动率高，各组织间的专业化程度和相互依赖程度高，人口大规模集中于城市，科层制普遍发展，家庭功能缩小，社会成员对信息的需求增强，对公共事务有强烈的参与感，城乡二元结构进一步突出，消费型社会所带来的是人们社会需求的全方位变化。

社会群体的分化带来受众需求的分化。心理学家马斯洛对人类需求的经典划分揭示了人类从生存到享受到发展的不同需求层次，这种需求变化所反映出的是物质产品极大丰富后，消费品市场结构的明显变化。

从国际经济发展的经验规律来看，人均国内生产总值 3000 美元被视为"传统社会"与"现代社会"的分水岭，一个国家或地区的人均国内生产总值超过 3000 美元，居民消费结构和消费行为就将发生重大的、全面的转型，进入一个新的阶段，由温饱型向享受型、服务型、发展型转变。2008 年，我国人均国内生产总值突破 3000 美元，居民消费结构表现出明显的、全面的升级转型特征。恩格尔系数进一步降低，消费需求和社会利益关系更加复杂多元，比如，对有能力的消费者来说，食品不仅为了果腹，在食品消费上更讲究绿色、安全；衣服对消费者不仅意味着遮羞保暖，还追求时尚、健康；此外，一些非刚性需求，如汽车消费、高端家电消费呈现井喷之势，住房需求持续增强，休闲娱乐消费快速增长。[1] 图 3-3、图 3-4 分别是 2005—2009 年我国城镇居民和农村居民消费支出的结构变化。

社会结构的分化带来受众群体面貌特征的多样化，受众需求的分化带来广播种群的多样化。纵观世界传播细分史，大致经历了三

---

[1]　中华全国商业信息中心. 十一五及 2010 年我国消费品市场运行发展特点[J]. 现代商业，2011(5).

个阶段，第一个阶段是以地域为标志的受众细分时代，比如美国在
20 世纪 60 年代以前"一城一报"已经达到 88%；第二个阶段是以特
定人群或相对应的特征为标志的受众细分，这一时期"窄众"观念
被提出；第三个阶段是以单独的个体为标准的细分时代，其标志是
网络技术对小众化的推波助澜。目前我国广播频率基本处于第二个
阶段，主要基于特定群体及相应特征进行细分。如基于受众年龄细
分的少儿广播、老年广播；基于性别细分的女性广播；基于特定群
体细分的农村广播、城市广播、汽车广播等。

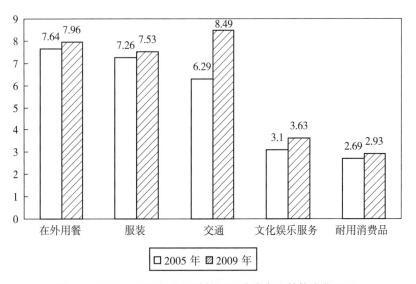

图 3-3　2005—2009 年我国城镇居民消费支出结构变化(%)

三、媒体竞争白热化

用媒介生态学的视角来审视广播专业化发展的社会场域，媒介
生态环境的变化无疑是其中一个重要的原因。如果说广播专业化的
目的是在市场中对顾客偏好和产品特性实现最优匹配，从而形成独
特竞争优势，那么这种竞争则不仅仅是在广播电台频率之间，它包
括了广播与传统媒体和新媒体的多重市场竞争。所以，这里的媒体

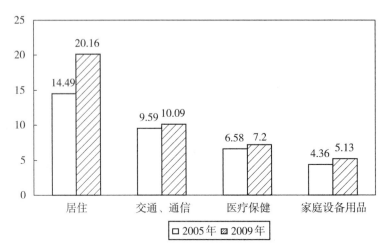

图 3-4　2005—2009 年我国农村居民消费支出结构变化(%)

竞争指的是广义媒体市场的竞争。

　　众所周知，自 20 世纪 80 年代中后期开始，广播媒体受到电视的强大冲击，蜕变成名副其实的边缘媒体。广播不再是受众必须接收的媒介，受众不再需要从广播获取信息和得到娱乐。仅从一个数据就可以看出广播在 20 世纪 80 年代中后期到 90 年代中期的发展速度之慢：1985 年以后，电视的人口覆盖率不仅长期超过广播，而且在 1993 年最多时，超过广播将近 6 个百分点，超过广播的对应覆盖人数将近 7000 万。这种差距在 20 世纪 80 年代后期和 90 年代中期越来越大，直到 1996 年以后，广播与电视间的覆盖差距才得以缩小。就技术、资源投入和接收成本来说，广播的覆盖都比电视要容易得多，但是在这一时期广播覆盖率大幅度落后于电视的事实则正好与整个广播业发展受到严重冲击的时间段相吻合，从而反映出广播在媒体竞争中处于被忽视、被压制的弱势地位。20 世纪 90 年代中后期开始，广播进入专业化快速发展阶段的原因，也正是面对电视激烈的冲击和竞争，摒弃综合型的节目编排方式，转而用细分市场、精确定位目标群体的方法组建频率，设置节目，将市场的蛋糕做大，并逐步走出弱势媒体的不利位置。

新世纪之交，广播等传统媒体无一例外地受到了媒体市场中新的竞争者——网络、手机等新媒体的冲击。网络、手机等新媒体的个性化、定制化让广播专业化建立起来的市场细分优势不复存在，广播种群在形态上又发生了新的变化。比如走在国内广播专业化发展前列的北京人民广播电台，在 1997 年开通了《人生热线》节目的网上专栏《网络人生》，2001 年开始通过网络中心的设置，逐步实现了 8 个系列台的网上播出，2005 年又开办了国内第一家面向大学生的网络电台青檬网络电台（www. qmoon. net），利用网络平台全天候不间断地实现与受众的互动。

媒体市场竞争还来自广播市场内部的竞争，虽然广播媒体一般不存在跨地区的竞争，但是经过十多年的发展，目前我国每家广播电台平均拥有 10 套以上的播出频率，在有些竞争激烈的地区广播频率超过 20 套。在这样的竞争环境下，专业化的实质是差异化，专业化是将广播市场的蛋糕做大，让人人都能分到蛋糕，而不是在现有的蛋糕份额下进行你死我活的争夺，虽然，目前我国广播专业化程度不高，同一地区仍然存在广播频率重复、"撞车"的状况，但是随着广播专业化进一步发展，市场地位的进一步明确和细化，这仍是广播开拓市场，在日益激烈的媒体竞争中争得生存与发展空间的有效途径。

四、行政和政策的推动

从 21 世纪初开始，政府行政和政策力量逐渐加大了对广播专业化的推广力度。2001 年 1 月，在全国广播影视工作会议上国家广电总局局长徐光春提出"要积极推进频道、频率的专业化、对象化"。第二年 12 月召开的全国广播工作座谈会上进一步提出全面推进频率专业化改革：从广播"珠江模式"在 20 世纪 80 年代首创开启了广播改革的最初尝试；到 90 年代初以北京台、上海台为代表的直辖市广播电台广播改革的最初尝试；再到 90 年代中后期，省、计划单列市及省会城市电台频率专业化全面推开。频率专业化是广播运作的重大举措，使广播节目布局和节目形态发生了质的变化，广播的贴近性得到了很好的体现，为广播的再发展奠定了基础。①

2003 年，政府将这一年确定为"广播发展年"，成为官方正式和全面推进广播专业化的标志。在 2003 年 1 月召开的全国广播影视工作会议上，明确提出了"广播发展年"的重要任务之一是推广广播频率专业化改造，并要求各地广播电台在 2003 年内加快广播频率专业化、节目对象化改革步伐。这是改革开放以来政府有关部门第一次将一个年份确定为"广播发展年"，从此中央两台和 31 个省级台进行了全方位调整和频率专业化改革。比如中央人民广播电台相继推出了几个"之声"，北京、上海、广东、江苏、深圳等较早进行频率专业化的电台又进行了进一步的整合重组，明确节目定位，优化人员配置，打造强势品牌。②

从 20 世纪 80 年代开始的广播专业化实践是沿海及发达地区一些广播电台先行改革尝试的基础上发展的。不容忽视的是，在专业化实践中始终存在的是地区发展的不平衡，沿海和发达地区远远好于中西部及欠发达地区，一些起步较早的电台在 21 世纪初已经实现了收入"亿"的突破，而有些地区电台才刚刚进行节目和频率的调整，对频率专业化概念模糊不清。在这样的局面下，政府及政策的推动将广播媒体的自发行为变为了一种官方部署、政策制定和行政推动，对广播电台在节目制作、频率设置、体制框架、机制运营、业务开发、管理体制和用人制度等一系列问题上的督促，使得 21 世纪广播专业化在行政力量的影响下加速发展。

五、广播媒体角色功能多元化

从经济场域来说，广播专业化来自市场细分，但从广播媒体自

---

① 徐光春. 解放思想 与时俱进 改革发展 开创广播工作新局面——在全国广播工作座谈会上的讲话[J]. 中国广播，2003(1).

② 胡占凡. 贯彻落实三贴近原则，积极推进广播事业的改革和发展——在部分省、区、市广播发展年座谈会上的讲话[J]. 中国广播，2003(11).

身因素来说，广播专业化来自自身角色功能的裂变和多元化。改革开放前的广播在长达 20 多年的时间里是单纯的"教育者"、"放大器"，其角色功能的单一决定了单一的广播节目编排和广播种群。

广播专业化的本质是广播的服务意识、服务功能的体现，是改革开放以后，对媒体客观属性和宣传属性的重新认识，广播从单纯的"教育者"，转变成"服务者"。广播专业化的产生来自受众市场和广告市场的双重分化，广播专业过程中寻求的是受众需求和广告市场需求的平衡点，因此通过细致分析受众偏好吸引广告投放，扮演好为受众和广告客户服务的角色，是广播专业化过程中设置广播频率，编排广播节目的起点。

广播频率专业化虽然表现为内容的调整，但它的产生是广播行业体制改革的延伸结果，其未来的发展和走势也将左右和影响中国广播体制改革。

第二节 广播专业化与社会互动的现实图景

媒体的发展从来都与它所处的时代和社会息息相关，改革开放 30 多年来，特别是 20 世纪 90 年代中后期以来，我国广播专业化的发展轨迹，也具有鲜明的中国社会特征和时代特色。

按照一般理论，广播频率专业化发展的起点应该是广播频率达到相当高的冗余程度。但是，在我国，这一过程却完全不同，中国广播专业化是在频率数量还较少的背景下启动的，其专业化改革在个别电台自发尝试的非典型性的推动之中，带动了电台频率数量的增加。随后，在 21 世纪初政府行政力量的介入之下，对广播专业化的频率设置、体制框架、机制运营、业务开发、管理体制等进行了全面的部署和制度跟进，广播专业化在全国范围内普遍铺开。我国广播媒介专业化的过程，与中国改革开放过程中诸多领域的改革实践相类似，是在急剧变化的社会转型推动下通过局部的自发式的探索发散开去，在国内政治、经济、社会场域中进行着现代化和国际化的双重转型。世纪之交，随着中国加入 WTO，国际化步伐的加快，越来越多的国内广播管理者走出国门，在欧美发达国家亲眼目睹了领先我国数十年的广播发展理念，从而产生自身发展理念上革命性的调整，这种现象在我国音乐广播、新闻广播的改革中广泛存在。我国一些省级电台的频率设置、运行模式就是将美国同类型电台的模式整体移植之后，再根据实际情况进行调整。因此，中国广播专业化之路既具有独特性和国情特征，又具有很强的模仿性。但目前广播专业化的程度远远滞后于市场细分的程度，直到今天我国广播还没有一家真正意义的谈话台，而美国有 1000 多家谈话台、800 多家老年台，专业音乐台有 20 多个类别，广播专业化仍有很大的市场空间。如果从 1986 年，珠江经济广播电台的开播算起，我国广播专业化已经走过了 26 年的时间长度，从早期的自觉探索到进入新世纪的政策推动，在中国当代政治、经济、社会场域中走出了一条具有国情特色与国际化色彩的专业化发展道路。

一、与政府的互动："半自主"共生关系

根据《中国广播电视年鉴》的统计，2008 年我国共有广播电台 257 座，广播频率 2643 套，付费广播频率 1 套；2009 年，我国共有广播电台 251 座；2010 年广播电台数量下降到 227 座，广播频率 2704 套，付费广播频率 39 套；2013 年，我国广播电台数量减少为 153 家。① 广播电台总数的减少开始于 1997 年和 1996 年 12 月"两办"37 号文件下发，政府对广播电视报刊出版行业进行了彻底的清理整顿和重新登记，县市电台、电视台实行了撤并，"四级办"广播电视实际上变为了"两级办"，这一举动使我国广播电台在数量上呈现断裂式减少的态势。但是，国家对广电政策的收拢和控制有利于频率资源的集中配置，能增强每一家广播电台的实力，客观上推动了频率专业的发展。2003 年，国家广电总局明确将推广广播专业化改革作为今后一个时期的重要任务，广播专业化从电台的自发探索成为政府推动的改革领域。经过 10 多年的政策调控，目前我国平均每家广播电台拥有超过 11 套广播频率。一些纯粹的专业频率定位和运营零散出现了在国内一线重点城市，比如北京、

---

① 　数据来源：《中国广播电视年鉴》(2009—2011 年)。

广州、上海、武汉，这些地区的广播频率竞争较为激烈，广播专业化实践开展得较早，发展得也较好。

2003 年 11 月 26 日，我国第一家电台戏曲专门频率——浙江绍兴人民广播电台戏曲频率正式开播；2003 年 3 月全国首家农村广播专业频率——陕西电台农村广播开播；2004 年，中央人民广播电台完成了全部 8 套频率的专业化改造，经过重新定位，推出了中国之声、经济之声、音乐之声、都市之声、中华之声、神州之声、华夏之声和民族之声等 8 个专业频率；2004 年，广东电台南粤之声开播，成为第一个面向港澳地区的立体声广播；2004 年，湖北电台音乐频道出现在武汉地区，成为湖北第一家格式化、类型化播出的广播电台；2005 年 7 月 1 日，以"服务民众健康，关爱老年身心"为宗旨的我国第一家为中老年人开办的专业电台——江西人民广播电台健康老年频率开播。政府的推动使我国广播电台的专业类型在较短的时间内得到了快速的丰富和发展，然而从市场规律来看，政策性因素无法取代市场自身的调节和运行机制，尽管在几年时间内我国广播电台种群数量发展到接近 20 种，但就全国范围来说专业广播仅仅停留在探索阶段，种群时有增减，比如 2008 年，我国第一家老年广播频率——江西人民广播电台老年广播就遭遇了停播，专业广播总体呈现低密度散点分布的格局。

同时，政府政策的收拢控制了电台数量的增加和竞争的引入。接收竞争和数量增加是专业化分工的前提，在我国，政府对传媒，特别是对广电传媒的控制，以及我国"四级办广播"的基本方针，决定了广播电台的规模和数量。即使在广播专业化发展较快的地区，如北京，中央台、北京台加起来也不过 20 套广播频率，而美国纽约一座城市就有 60 多套广播频率，洛杉矶有 80 多套频率。截至 2010 年年底，中国 13 亿人口拥有的广播电台频率数是 2704 套，美国不到 3 亿人口却拥有着接近 15000 家广播电台，我国广播数量和分布上的稀少可见一斑。加上从我国广播体制和广播传播本身的特性来说，广播基本不存在区域间的竞争，即使在同一区域内，广播频率竞争往往也只属于两家或者三家广播电台之间的竞争，这种近乎垄断的市场环境，缺乏竞争，不完全竞争，导致目前我国广播专业化程度和节目质量后续提升的动力不足。因此，中国人民大学的周小普教授在 2011 年撰文提出："目前我国还不具备广播专业化的条件。"①他认为从市场需求和市场化的布局增加广播的节目套数，"将一地的频率数量从现有的几十个增加到几百个"，是在中国提高广播竞争实力的现实要求。中国传媒大学邓忻忻教授也指出："现在的广播电台布局是按照行政区划的管理架构来安排和设立的……这样的独占性整体覆盖，实际上距离细分的专业广播来说相差很远。"②

二、与经济的互动：同构多元化

毫无疑问，改革开放 30 多年的实践带来了我国社会主义市场经济的极大繁荣，市场经济体制改革全面深化，但政府对传媒产业的放开始终是审慎的。国家财政拨款的不足将传媒推向了市场，在市场经济的浪潮中为求生存不得不适应和迎合市场需求。1986 年珠江经济广播的开播恰恰是感觉到广播媒体的生存压力。用广东人民广播电台新闻部原主任江英的话说，"在对内改革、对外开放，商品经济日趋活跃，社会节奏大大加快，空中出现多台竞争的今天，再不对旧的一套广播模式进行革命性的变革，就有被淘汰的危险。"③20 世纪 80 年代中后期，由珠江经济台掀起的开办经济广播的热潮反映了广播在计划经济向市场经济转轨的社会场域中如何适应的探索，广播的出路在哪里，广播如何走向市场，能不能继续生存下去，经济广播的横空出世为处在市场经济浪潮中的中国广播指出了一个专业化发展的、更有活力的前景，推动了广播向社会场域的经济场移动。当然，经济台虽然在名称上具有特定的专业指向，但在节目设置上仍然采取综合频率的设置形式，到 1991 年，国内

---

① 周小普. 从数字中看差距——对中国广播发展问题的思考[J]. 新闻与传播研究，2011(2).

② 邓忻忻. 类型化新闻广播模式与传播策略[J]. 中国广播，2009(3).

③ 江英. 改革与模式——珠江经济台开办引起的思考[J]. 广播电视学刊，1988(S1).

首家交通广播频率——上海交通广播的出现，专业广播的市场定位才进一步明晰。进入 20 世纪 90 年代，资源在少数人手中重新聚集，中间阶层崛起，汽车开始走进千家万户，交通广播这一广播类型的出现恰恰抓住了经济领域的这一变化，迎合了"移动受众"这一新群体的需求，通过与政府和交管部门联合，实时播报权威的路况信息、旅行信息、航班信息、天气状况等，锁定了相当一部分有车一族。

但是，传媒业市场化始终带着浓厚的政策色彩，其步伐滞后于整个市场经济发展的步伐，广播专业化发展到今天尽管在广播种群上发生了裂变与分化，频率数量从 20 世纪 80 年代改革开放之初一家电台 1 套大综合频率发展到今天平均每家电台拥有超过 11 套频率，总共接近 20 个类别，但与发达国家相比种群数量依旧有限，且专业化程度不高，相当数量的国家及省级台目前都保持一定程度的综合性。

根据央视索福瑞（CSM）媒介研究掌握的数据，目前我国广播专业频率主要集中在新闻、音乐、交通三大领域。2010 年，全国 33 个重点城市可接收的 403 个广播频率中，音乐类最多有 66 个；交通类、新闻类其次，各有 58 个。其中频率定位模糊、交叉定位现象依旧突出，以新闻频率为例，在名称定位为"新闻"的 58 个频率中，有 17 个频率同时在名称中涉及了其他专业领域。在各类频率中，以"音乐、交通"进行双重定位的频率数量最多，达到 5 个，"生活、交通"双重定位的频率也达到 4 个，详见表 3-1。

表 3-1　　　　　　　我国广播电台频率类别统计表

序　号	频率类别	数量（个）	同时涉及的类别（个）
1	音乐	66	15
2	新闻	58	17
3	交通	58	15
4	综合	46	13
5	经济	42	4

序 号	频率类别	数量(个)	同时涉及的类别(个)
6	文艺	40	5
7	生活	29	12
8	娱乐	25	5
9	城市	23	8
10	资讯	11	4
11	体育	8	2
12	外语	6	1
13	健康	2	1
14	教育	9	3
15	旅游	11	5
16	农村	12	
17	其他	10	
不重复合计		403	58

数据来源:《中国广播收听年鉴(2011)》。

　　20 多年间,广播种群类别在数量上实现了数十倍的增长,这是中国广播专业分化推动的直接成果,这种变化既与市场经济推动有关,又与改革开放后,特别是加入 WTO 以后,国内外文化产业交流和竞争的加剧有关,我国许多专业广播其早期发展大多是借鉴和照搬国外电台的编排模式和运作方式,在操作运行中根据本地听众的需求进行调整。从经济台、到交通台、到音乐台、再到新闻台,这些专业广播最早都出现在我国经济相对发达的广东、上海、北京等地,专业广播的热点切换反映出我国广播与经济场域的紧密互动。以交通广播的兴起为例,1990 年党中央、国务院决策开发上海浦东,上海发展进入到了新的历史时期。在中国,东南部沿海是改革开放的前沿,20 世纪 90 年代东部发展已经明显比中西部地区发达,城市快速扩张,汽车急剧增加并迅速走进家庭。1991 年,中国第一家交通广播频率，上海交通信息台开播。在上海交通信息台创办的时候正逢上海城市交通最困难、发展最快的时期，道路交通压力很大。上海交通台开播之初每天播音 12 小时，通过与上海市交通警察总队指挥控制中心合作，全方位地报道上海市的交通状况，"缓解交通、方便市民"。听众最快在 10 秒钟之内即可得到由上海交通指挥中心随时为电台提供的各类突发交通事故情况，充分发挥了广播快速传播的优势。据上海地方志广播电视志的统计数据，交通广播开播后收听率平均为 27.9%，如果以司机为对象来统计其收听率则为 80%。①

从单个广播种群来看，在专业广播 20 多年的发展中，我国广播专业化的发展始终存在着广播电台总数的有限与市场细分程度和受众需求之间的矛盾，十多种广播种群类别总体来说基本还是小综合类的专业电台，存在定位交叉和定位宽泛的问题，比如在音乐、生活、体育等大类别下没有进一步细分，这一点与美国专业广播尚存在较大的差距。

以占美国广播电台数量最多的音乐台为例，据全美广播协会（NAB）提供的统计数据，美国 14000 多家广播电台中，音乐台接近 10000 家，这 10000 家音乐类广播电台又被细分为 20 多种类型，如表 3-2 中所列，市场定位十分细致。

表 3-2　　　　　　　　　美国广播电台类别统计表

音乐台种类	数　量
乡村音乐台	1683 家
现代成人音乐	798 家
轻柔成人音乐	142 家
热门成人音乐	451 家
城市成人音乐	170 家

① 吴元栋. 空中红绿灯大有可为——沪交通台建台四周年研讨会侧记 [J]. 新闻记者，1995(12).

续表

音乐台种类	数　　量
老歌	750 家
现代流行	38 家
经典摇滚	514 家
轻柔爵士	7 家

其他：西班牙音乐，美国音乐，世界音乐，节奏蓝调，成人、老年节奏蓝调，福音、南部福音、黑人福音等。

市场细分不足直接导致了同一区域内频率定位和功能的重复。以武汉地区为例，现有中央、省、市级广播频率 17 套，其中称"交通广播"的有 3 家，称"新闻广播"的有 3 家，称"音乐广播"的有 3 家。据央视索福瑞（CSM）媒介研究掌握的 2010 年全国 33 个重点城市可接收的 403 个广播频率中，音乐、交通和新闻频率的数量最多，均在 60 个左右，基本上都是一城有两家同样功能的台。"频率专业程度远远落后于市场细分，定位不准，专业不专，个性不强，机制不活，不能根据受众市场的变化而变化。"①

三、与社会环境的互动：专业广播适地适媒发展

广播的传播技术决定了广播区域媒体的性质，虽然向网络的融合使得广播在一定程度上脱离了地域的限制，但就广播本身来说，在中国，除去官方要求的各地无线转播的中央台之外，别的电台都没有外地落地方式。本地化、突出广播优势成为广播专业化发展的必然选择。在国内省会城市和直辖市，省级电台与一线城市电台、中央台之间的竞争非常激烈，但省级电台和城市电台凭借本土化、适地适媒发展的优势占据了大部分的市场份额。据赛立信媒介研究公司的调查，省级电台和一些城市电台在一线城市中所占的市场份

①　胡占凡. 开创广播发展的新时代——胡占凡在国家广电总局北京交通广播工作现场会上的讲话[J]. 中国广播电视学刊，2004(2).

额累计超过了90%，是一线城市广播市场的主导者。① 从全国收听市场份额来看，国家级台占有12.4%的市场份额，省级台的市场份额为51.6%，市级台占有34.2%的市场份额，剩下1.8%的市场份额则由其他电台占据。其中省级、市级等都是地区性电台，而中央人民广播电台的9套节目中只有3套面向全国广播。②

专业广播在发展的过程中大多适应了当地的收听环境，立足"本土化"，形成了鲜明的地方特色。以天津地区的专业广播为例，天津是全国公认的"曲艺之乡"，是北方曲艺名家荟萃之地，曲艺在天津的历史可以上溯到清初，在天津，看戏听相声成为老百姓日常休闲娱乐的重要方式，这样的区域文化为天津广播，特别是文艺广播的细分、专业化发展提供了广阔的空间和发展机遇。在天津所有场所的收听中，文艺频率占据13.94%的市场份额。在车上收听中，文艺频率占据7.12%的市场份额，这一水平高出了全国32个城市文艺广播市场份额的平均值，32个城市在所有场所和车上收听的市场份额分别为9.94%和4.93%。

经过细分，天津人民广播电台现在拥有四套文艺广播频率，包括天津人民广播电台文艺频道AM1098、FM104.6，天津人民广播电台音乐频道FM99，天津人民广播电台相声广播AM567、FM92.1和天津人民广播电台小说广播AM666。2008年，除文艺频道外其他三套频率在所有场所市场份额加总为22.53%，在车上收听市场份额加总为11.59%，在家收听市场份额加总为24.27%③，专业化使天津台提高了文艺资源利用效率，扩展了市场占有空间。

在这四套频率中，专业广播天津电台相声广播和小说广播可以说是真正市场细分的广播频率，这两档频率的诞生根源于天津当地听众对曲艺节目的浓厚兴趣和需求，基于广播对本地市场细分空间

---

① 黄学平.中国广播研究报告(2010—2011)[M].北京：中国传媒大学出版社，2011：14.

② 中国广播电视年鉴2010[M].北京：中国广播电视年鉴社，2010：233.

③ 详见央视—索福瑞CSM媒介研究之天津2008年四波调查数据。

的准确定位和对市场份额的争夺。天津电台相声广播是国内第一个集相声、小品、二人转为一体的广播专业化频道。"相声广播"全天播出18小时，共设10档相声类节目，包括了天津地区受众非常喜爱的传统相声、创编相声、相声精品、茶馆相声、相声名家、小品及二人转等相关内容，节目的细分化满足了受众的不同需求。表3-3为天津电台相声广播全天节目安排：

表3-3　　　　天津电台相声广播全天节目时间表

时　　间	节目名称
05：55	全天节目预告
06：00	《快乐驿站》
06：30	《健康杂谈》
07：30	《欢笑在路上》
09：00	《一听可乐》
10：30	《健康杂谈》
11：30	《笑林大会》
12：30	《老活听不腻》
14：00	《健康杂谈》
16：00	《春来茶馆》
17：00	《满不懂和假行家》
18：30	《笑笑江湖》
19：30	《你点我播》
21：00	《包袱抖不完》
22：30	《春来茶馆》
23：30	《快乐驿站》
0：00	全天播音结束

相声广播采用了制播分离，公司运作的市场运行方式。除了在节目设置上安排天津听众喜闻乐见的节目形式外，相声广播还通过"天津原创相声大赛"、"欢声笑语校园行"高校巡演系列活动，走到听众中间，提高频率在听众中的认知度和美誉度。"相声广播津味相声欢乐连锁"则是通过打造相声会馆的形式成功推出了天津茶馆相声的文化品牌，会馆试运营两个多月就取得了营业额 40 多万元的良好业绩。经过几年的运行，相声广播《满不懂和假行家》等品牌节目稳居天津电台 300 多个节目的前 10 位，相声广播频率在很短的时间内就占据了天津媒体市场中较大的份额，收听率和市场占有率在天津电台的系列台排名中由第七位迅速上升到第三位。伴随着收听率的提升，相声广播的广告吸纳量也明显增长，以每月 310 多万元的数额稳步增长，标准广告比 2008 年实现了两年翻一番，短信等增值服务的吸纳量也稳居天津电台各频道前三位，实现了广告市场和节目市场共同发展。

天津电台小说广播于 2006 年开播，全天节目以小说、故事为主体，听众定位在爱听评书、小说的人群，这部分听众大都年龄在 25 岁以上，以 50~69 岁年龄段的中老年听众最多，主要是自由职业者、家庭主妇、离退休人员等，这部分人的特点是空闲时间多，对信息的需求以猎奇、生活、实用为主。小说广播全天播出 18 个小时，开播以来几经改版，现在的节目设置中既包括了深受听众喜爱的评书类节目《古今新说》、《古今传奇》，又有以最快速度录制播出的纪实文学类节目《纪实文学》，有针对年轻人群的播送当代畅销小说的节目《畅销书屋》，还有专门为中老人听众打造的展现市井生活和人间百态的《品味人生》以及《相约健康》等节目。根据不同人群不同收听习惯来设置节目，将听众细分，做专业的小说广播，是天津电台小说广播抓住市场的关键，不过相对其他类型的专业广播来说，故事类广播在市场细分上有着先天的不足，如受众面窄、听众层次低、与听众互动少、听众忠诚度低等，这些仍然是摆在故事类广播面前最大的困难。表 3-4 为天津电台故事广播节目播出时间表：

表 3-4　　　　　　天津电台故事广播节目播出时间表

05：55	全天节目预告
06：00	《古今新说》
07：00	《古今传奇》
08：00	《相约健康》
08：30	《纪实文学》
09：30	《相约健康》
10：30	《品味人生》
11：30	《相约健康》
12：00	《畅销书屋》
13：00	《纪实文学》
14：00	《异度空间》
15：00	《相约健康》
15：30	《大话小说》
16：00	《相约健康》
17：00	《古今新说》
18：00	《古今传奇》
20：00	《相约健康》
21：00	《畅销书屋》
22：00	《异度空间》
23：00	《品味人生》
00：00	全天播音结束

四、与受众的互动：向强势阶层倾斜

媒介化社会是一个市场化社会，既然大众传媒已经进入到一个媒介化的社会，广播与听众的关系变成了信息生产与信息消费的关系，那么在媒介市场中，市场主体就会在市场机制的推动下，自动地向可能带来最大利益的群体靠近。广播专业化作为媒体市场化推进的产物，其产生、发展、演进具有必然的逐利性，具有向强势群体靠拢的倾向。随着中国社会阶层结构的分化和定型化，强势群体迅速崛起，包括民间经济力量和垄断力量在内的社会精英联盟开始出现，体制内的政治精英和体制外的经济精英建立了密切的关系，以组织资本、文化资本或知识资本获得社会地位的社会中间阶层出现，社会群体发生两极和多样化分化，文化分流，消费分需。

　　社会分层和社会流动的趋势也深刻改变着社会资源流动方式和媒介工具。在广播专业化的过程中，出现了明显的分化：

　　第一，音乐、新闻、交通频率占据绝对主流位置，显示出专业广播与社会精英阶层的紧密联系。从受众市场形成的角度来说，正是掌握社会政治、经济权力的社会精英阶层的崛起，带来了音乐、新闻、交通等主流广播频率的勃兴。据央视索福瑞（CSM）媒介研究近几年来对全国 33 个重点城市可接收的广播频率数量分布资料的统计分析：如 2008 年，在全国不包括境外频率的 388 个广播频率中，音乐类频率有 67 个、新闻类频率有 59 个、交通类频率有 54 个，这三大频率加总数为 180 个，占全部电台数的 46.39%；2010 年，在全国不包括境外频率的 403 个广播频率中，音乐类频率 66 个、新闻类频率 58 个、交通类频率 58 个，三大频率加总数为 182 个，占到全部电台数的 45.16%。这三大频率占据了广播市场的主导地位，2010 年市场份额合计达到 78.2%，三类广播频率所占市场份额的差距缩小，均在 26%左右。[1] 三大频率通过迎合社会精英阶层的信息需求，"成为他们所倚重的基本资讯来源、思想来源和观念来源"[2]。据统计[3]，新闻广播的听众构成中以男性、25～44 岁、中高学历和月收入 2501 元以上的听众比例最高；交通

　　① 黄学平. 中国广播研究报告（2010—2011）[M]. 北京：中国传媒大学出版社，2011：9.

　　② 喻国明. 解析传媒变局[M]. 广州：南方日报出版社，2002：20.

　　③ 王兰柱. 中国广播收听年鉴[M]. 北京：中国传媒大学出版社，2011：75-110.

广播的听众构成与之类似，以男性、24～44 岁居多；从收入来看，收入越高的听众在车上收听的比重越大，月收入 3501 元及以上的高收入群体在车上收听的比重达 78%；音乐广播的听众构成中以中青年、中高学历、高收入为核心群体，音乐广播对在社会活动中相对活跃的人群具有较高的吸引力。新闻、音乐、交通三大广播频率的核心听众是广播市场的高端听众，受众价值独特，在市场上具有明显的竞争优势，其广告定价显著高于其他类型频率（音乐广播类频率的广告定价为每秒 105 元，交通广播类频率的广告定价为每秒 102 元，新闻类广播频率的广告定价为每秒 64 元），但仍吸引大量广告客户，成为广播广告市场上经营成绩斐然、物有所值、传播高效的主力军。

第二，社会中间阶层和市民阶层诉求开始彰显，都市生活、教育类广播频率增加。社会中间阶层和市民阶层是中国社会转型过程中形成的新的社会阶层，这一阶层正逐步定型化。中间阶层主要包括知识分子、干部、党政机构办事人员、专业技术人员、企业中低层管理人员、一部分工人、农民等。他们虽然不直接拥有对社会资源和媒介资源的分配、处置权，但他们也是媒介产品的主要购买者，这部分人群在社会中数量巨大，同时对媒介提供的产品内容、样式等有自己的需求，他们需要日常生活中所需的各方面服务信息、娱乐休闲信息等，市民社会的日常交往也需要媒介的帮助，这些都是都市生活类、教育类广播频率数量在近几年得到迅速增长的基础。据央视索福瑞（CSM）媒介研究近几年来对全国 33 个重点城市可接收的广播频率数量分布资料的统计分析，2008 年，全国不包括境外的 308 个广播频率中，生活类广播频率数量为 21 个，教育类广播频率数量为 5 个；2010 年，生活类广播频率数量为 29 个，教育类广播频率数量为 9 个。可见，两年时间，分别增加了 8 套和 4 套，生活类广播频率数量增长幅度居所有广播频率类型之首。生活类广播频率的听众群以 45～54 岁最多，中等及以下教育程度的听众为主体，居家收听的听众群体以女性听众居多，车上收听的听众群体以中青年男性居多。全国生活类广播频率的定位和风格不尽相同，就整体而言，大多面向城市市民，提供都市生活情感、城市服务资讯、时尚生活导向等都市服务类信息产品为主，其市场份额在各专业广播频率中位居第五，高于经济类广播频率。比如，在广播频率竞争激烈的上海地区，以都市生活为主要内容的东方广播电台 AM792 表现出较强的实力，2010 年市场份额占当地广播频率市场份额的 8.10%，排名第四。在哈尔滨、沈阳、乌鲁木齐、福州四座城市，都市生活类广播的市场份额都超过了两位数，分别为 25.58%、17.46%、11.47%、10.82%，其中，哈尔滨、沈阳两地的都市生活类广播稳居当地广播频率市场份额之首，并遥遥领先于其他频率。

　　这类广播从无到有，并逐渐在广播市场占据一席之地，是社会中间阶层和市民阶层出现带来了广播收听市场，也是在激烈的市场竞争中，这类广播不断研究听众需求和收听习惯，立足生活服务类节目，使其风格和服务内容与受众需求相契合的结果。从我国城镇化发展趋势来看，根据《"十二五"规划纲要》的要求，"十二五"期间我国城镇化率将提高 4 个百分点，由现在的 47.5% 提高到 51.5%，这无疑意味着面向城市中间阶层的专业广播会越来越多。

　　第三，农村广播数量虽有提升，但处境艰难，媒介资源极其有限，媒介资源在社会底层群体、弱势群体分布不均衡。随着社会精英阶层、中间阶层、市民阶层对媒介资源的支配和占有，社会底层群体在对媒介资源的占有上越来越边缘化，媒介资源在分布上也呈现出严重不均。弱势群体"缺乏参与传播活动的机会和手段，缺乏接近媒介的条件和能力，主要是被动地、无条件地接受来自大众传播媒介的信息的人群和那些几乎无法得到与自身利益相关的各种信息、也无法发出自己的声音的群体"[1]。

　　据央视索福瑞(CSM)媒介研究，对全国 33 个城市除境外广播频率外的可收听广播频率调查显示，2009 年在总共 388 个广播频率中农村广播频率有 8 个，占广播频率总数的 0.02%；2011 年在总共 403 个广播频率中农村广播频率有 12 个，占广播频率总数的

---

　　①　段京肃. 社会的阶层分化与媒介的控制权和使用权段[J]. 厦门大学学报，2004(1).

0.03%。值得关注的是，广播资源的不均衡不仅仅存在于农村广播，在我国，老年广播、妇女儿童广播数量始终很少，对这些边缘性受众群体，电台设立这类频率的动力不强。全国第一家设立老年广播的江西人民广播电台健康老年广播于 2005 年开播，2008 年停播。目前国内专门针对中老年人的广播频率只有中央人民广播电台老年之声一家，市级电台中，只有长春广播电台少儿与老年生活广播、宁波广播电台老少广播两家，省级电台无一家设立老年广播。省级电台开办妇女儿童广播的也屈指可数，全国仅有湖北人民广播电台妇女儿童广播(阳光调频)、黑龙江人民广播电台都市女性广播、河北电台少儿音乐频道、甘肃电台儿童频道、黑龙江电台 97 频道、陕西电台少儿广播，再加上广州、大连、贵阳、长春等几家市级电台。社会底层群体、弱势群体不仅在经济上处于弱势，在广播资源的占有上也是弱势的，当越来越多专业广播为了赢得社会精英阶层、中间阶层和市民阶层而努力向着"精细化"方向发展时，本来数目不多的农村广播、老年广播、妇女儿童广播却维持着"人种天管"的"粗放式"运作。这自然是因为这类专业广播面对的受众大多处在社会的中下层，经济能力弱，虽然人数众多，却无法吸引到可观的广告投放，给广播机构运营带来困难，久而久之，弱势群体所占有的媒介资源数量和质量上都偏弱。失去了媒介控制权和使用权的弱势群体，其生存状态和利益诉求得不到应有的表现。"失去媒体权力者，不但会造成自我定义的丧失，同时也只能接受'被忽略'、'被定义'的宿命。"①

从媒介生态来看，一个失去平衡的媒介资源分配结构，可能带来媒介的发展突变甚至畸形发展，而大众传媒的失衡则会带来整个社会"弱肉强食"的恶性循环。在引入市场竞争机制的媒介生态环境中，媒体对社会底层群体、弱势群体的关注和着力不能完全依靠市场调节，作为媒介的社会责任，更需要得到来自政府的扶持。近年来，我们看到，国家加大了对弱势群体的扶持力度。2004 年以

---

① 管中祥. 传播权力，弱势发声与市民社会之形成. 中国新闻研究中心[OL]. [2002-08-21]. http：//www.cddc.net.

来，国家接连出台积极的对农政策、实施"村村通"工程、送文化下乡等文化关怀举措、家电下乡政策、对城市弱势群体的帮扶政策等，为改变信息不对称、媒介资源不均衡现象提供了有力的物质基础和政策支持。近两年，各省市电台对农村广播的纷纷开播在一定程度上释放了农村受众对大众传媒的需求压力，虽然对农村广播依然存在着定位不准、缺乏乡土气息和实用性、农民关注度不高等问题，但是起码让我们看到了广播媒介在社会阶层分化中的调适和担当。

广播媒介在频率专业化过程中正逐步进行着对社会受众上、中、下阶层结构的适应，从专业广播种群形态上基本覆盖了社会各层级，但在广播内容分配和精细运作上仍存在着媒介公共性与市场经济利益的冲突与选择。专业广播在分布上向社会精英阶层、中间阶层的过度集中反映出媒介资源的非均衡状态。而传媒资源和权力作为社会公共资源，应该成为社会成员共享的财富。正如麦奎尔所说："传播既是基本的权力，那么权力的拥有与参与实践就必须建立在平等与多元的基础，特别是既有结构的弱势者其权力更应该得到尊重，让人民得以参与媒介的运作。"①

第三节 广播专业化发展的环境制约因素

与国外广播经过漫长而充分的发展过程不同，中国广播几乎是在"先天不足"和"后天失调"的多重干扰下曲折前行。在 20 世纪 30 年代到 50 年代国外广播发展的黄金期，中国正处在剧烈的战争动荡和社会变迁的起伏中，而到 20 世纪 70 年代末 80 年代初，伴随着改革开放的巨大机遇，广播正欲发奋图强之时，又受到了电视普及的巨大冲击，广播被迫边缘化，退居弱势的地位。

在这种情况下，专业化成为广播在社会变迁过程中，在一个越来越多元化的社会中再次获得发展优势的重要机遇。因此，我国广

---

① 转引自管中祥. 传播权力，弱势发声与市民社会之形成. 中国新闻研究中心[OL]. [2002-08-21]. http：//www.cddc.net.

播专业化的起点并不同于国外广播是基于电台数量与市场竞争的充分，而是源于对报纸、电视等跨媒体竞争的应对。换言之，在我国按行政区域划定的垄断的广播市场，缺乏直接的竞争对手，因此对专业化前期的探索大多是自觉的行为，后期则是行政力量的推动，而并非市场压力因素形成的。广播专业化的诉求是为了做大广播规模这个蛋糕，其中主要将人口覆盖率作为重要指标。从广播人口覆盖率等相关指标来看，我国广播专业化经过 20 多年的发展确实取得了很大的进步，广播广告收入也有了较大提升，但进入 21 世纪后，其发展的困境和制约因素也越来越明显。一方面，广播综合人口覆盖水平几乎接近 100%（2013 年覆盖率为 97.79%）①，也就是说广播收听人群规模即将趋于饱和，其进一步在扩大覆盖上的推进难度将成倍提高；另一方面，新世纪初网络的迅速崛起造成了对传统媒体的巨大冲击，广播进入市场的成本门槛越来越高，广播的市场竞争力、投入产出比等呈逐年回落的趋势。虽然近年来，我国专业广播数量呈现迅速上升趋势，但是定位不准、专业不专、个性不强、机制不活、节目质量不高等问题，已经开始影响广播专业化优势的发挥。

一、频率数量少，目标受众不明

我国广播电台的布局基本是按照行政区域划定的，四级办广播电视的建台格局，与行政层级同构，中央、省、市、县一级一台。在此格局下，随着专业化改革的推进，在一级一台的基础上按照同一套路设置频率，如一般都设置新闻频率、经济频率、交通频率、文艺频率、音乐频率等，这种布局的先天不足在于广播频率资源的垄断，频率数量少，无法形成有效竞争。

据统计，2013 年我国共有广播电台 153 家，广播和电视的比例基本在 45∶55 左右，广播少而电视多，这种格局从世界范围来看是少有的。以美国为例，2009 年，美国商业电视台的数量是

---

① 国家广播电影电视总局发展研究中心. 中国广播电影电视发展报告 [M]. 北京：新华出版社，2014：25.

1379 个, 公共电视台有 300 多个。2007 年, 美国广播电台的数量
是 13938 个, 其中 4779 个中波电台、9159 个调频电台(其中有
6279 个商业台, 2880 个教育台)。广播与电视台(频率、频道)的
比例大约为 89∶11, 这延续了美国多年来一直保持的大约在 9∶1
的广播电台与电视台的比例。

我国广播电台绝对数量严重不足, 又受到无线发射功率和转播
台站的限制, 面对 13 亿人口的市场需求, 一家电台或频率所要覆
盖的范围广泛, 目标受众不明, 定位不准的现象就自然产生了。由
于无法做到受众细分, 在同一区域, 甚至会出现两三家定位基本相
同的广播频率。在 CSM 媒介研究掌握的 2010 年全国 33 个城市可
接收到的 403 个广播频率中, 音乐类广播有 66 家, 新闻和交通类
广播各有 58 家, 几乎每座城市都存在一城拥有两家类似功能电台
的情况。在供应量不足、目标受众不明的情况下追求受众规模的最
大化成为电台的共同倾向, 这种倾向又在主观上造成了对受众群体
的模糊化。接收竞争和数量增加是专业化的前提, 在目前我国基于
行政区域布局的广播体系下, 中国人民大学的周小普教授在 2011
年撰文直言:"我国广播这样的数量、办台模式, 造成了专业化程
度无法提高和节目质量无法持续提升的背后原因。目前我国还不具
备广播专业化的条件。"①

二、受众碎片化与专业不专的矛盾

受众碎片化已经成为当代社会受众的主要特征。受众群体构成
的碎片化, 受众生活方式的碎片化, 这些现象的发生有着社会转型
发展的背景, 又与当代媒介资源的相对过剩和媒介的受众定位战略
对受众的分割等因素有关。社会学家孙立平曾这样表述碎片化:
"中国总体性社会在很短的时间内发生解体, 整个社会被切割成无

---

① 周小普. 从数字中看差距——对中国广播发展问题的思考[J]. 新闻
与传播研究, 2011(2).

数的片断甚至原子，也可以称之为社会碎片化。"①碎片化所带来的是多元化的概念、多样化的诉求和差异化的各类群体。在碎片化的推动下，媒介从大众媒介向分众媒介、小众媒介，甚至个体媒介转化，在这一过程中出现了媒体资源的过剩化与受众注意力资源的有限化的矛盾，专业化成为广播实施市场细分的战略。

尽管广播专业化已经走过了 20 多年的道路，形成了 10 多种专业广播，吸收国外不少成功经验，但其专业化程度显然跟不上社会变迁脚步和受众碎片化发展的趋势。我国专业广播虽名为交通、音乐、经济、文艺等专业电台，但其节目构成或多或少仍采取综合或小综合的构架，在功能设置和节目内容上重复，造成专业不专的现象，在一定程度上降低了广播的市场竞争力。

三、市场化与行政介入的界限

广播专业化的起点应该源于市场细分，在我国，广播专业化则是为了适应跨媒体竞争，而由政府推动的行业改革。高层管理者通过行业政策、目标的制定，使广播频率专业化的运作从最初个别电台的业务尝试变成了全行业的变革，并使之成为中国广播业体制改革的重要组成部分，这是我国广播专业化发展不可忽视的发展环境和推动因素。我国广播电视的性质决定了国家对广电在内容规制和宣传纪律上的管控，但政府对广播专业化的推动却在体制框架、频率设置、运营机制、业务开发等方面给予了深层引导，使广播专业化发展取得了阶段性的成绩。如在 2003 年"广播发展年"内，全国新增 28 个广播频率，新开办了广播业务的城市或地区达到 9 个，批准开办卫星、数字、有线等广播节目 15 套。2004 年 1 月 1 日正式推出的中央人民广播电台中国之声，再次彰显了广播的声音特性和快速及时的特点，成为广播专业化历程中的大事件。这是行政介入带来的积极作用。

但是，和任何一种由市场引发的行为一样，行政力量的过多管

---

① 孙立平. 转型与断裂：改革以来中国社会结构的变迁[M]. 北京：清华大学出版社，2004：52.

控会限制、制约甚至阻碍其市场化的步伐，在广播专业化进程中，行政力量和市场化之间理应存在一条边界，行政力量在政策制定、改革部署和行业引导上对广播专业化进行干预，盘活和深度开发频率资源，专业广播的市场定位，节目制作与生产、资源整合和开拓市场则需要按照市场规律进行安排。

四、机制不活

机制不活是目前我国广播专业化发展面临的重要环境制约因素。在目前的广播电视行业准入政策下，广播业是一个资金、人员、业务不能在市场配置下自由流动和进出的、相对封闭的行业。缺乏行业自由准入的行业不可能有一个开放的竞争环境，不能根据受众市场的变化而变化。当然，广播行业的特殊性决定了广播专业化改革的特殊性，这种改革只能是原有体制的内部调整，是在现存行政主导的广播体系内部延展而非改制，广播业的机制不活是行政限制竞争的结果，而竞争则是有效调度社会所有分立资源的机制。哈耶克说："摆在一个竞争的社会面前的问题，不是我们如何才能'发现'懂得最多的人，而是怎样才能把不计其数的懂得特别适于某一特定工作的专门知识的人，吸引到该特定工作上。"①竞争就在于更好地开发和利用资源。

从现有情况来看，我国广播电台由各级行政管理部门直接设立和主管主办，广播电台被列入行政管理系统的下属部分，而且这种行政隶属关系还有着严格的行政地域限制，广播业形成"条块结合，以块为主"分级行政管理结构。从"条"来看，国际广播行政管理部门掌控主管着一个事业单位系统；从"块"的角度来说，在每一个行政地域内又有着相应的行政主管单位管控，在行政和地域的双重制约下，广播业失去了其自身的行业独立性，广播专业化也失去了应有的活力。

---

① [奥]F. A. 冯·哈耶克. 个人主义与经济秩序[M]. 上海：复旦大学出版社，2012：90.

第四节 经济广播之困

经济广播是我国多频率广播格局中一支重要的专业化广播力量。1986 年，当珠江经济广播在改革开放的前沿阵地广东横空出世的时候，经济广播成为全国广播电台热捧的宠儿。20 多年过去，作为中国广播专业化发轫者的经济广播却黯淡了，其发展势头被音乐类、新闻类、交通类，甚至生活类广播超越，面临着发展困境。

经济广播之困或许代表了当代中国广播专业化发展中的普遍困惑，广播在其专业化过程中如何适应社会多元化和分众化，如何在专业和综合中取舍，如何不断在社会变迁中立于不败之地，这是需要思考的问题。研究经济广播的崛起和衰退，恰能反映出广播对社会发展的适应与不适应，具有普遍的借鉴意义。

一、传统经济广播定位宽泛，不适应细分市场

20 世纪 80 年代经济广播之所以风靡一时，其颠覆性的创新主要体现在节目形式上，大板块节目与热线电话顺应了改革开放以后广播听众对海量资讯的渴求和参与表达的愿望。当时珠江经济广播的节目单上与经济相关的节目并不多，从节目内容布局来看仍是一个综合性的广播频率。随着 20 世纪 90 年代中期，经济广播在全国遍地开花，几乎所有的省台和一些市级台都开办了经济广播，对何谓经济广播，经济广播的节目定位仍是十分模糊。

"经济"是一个宽泛的概念，从流通环节来看，包括生产、流通、分配、消费；从对象上来说，包括生产者、投资者、消费者、经营者；从经济的本质上来看，包括实体经济和虚拟经济。那么，经济广播的角色定位在哪里，应该做什么？这是传统经济广播电台一直没有明晰的一件事情，在摸着石头过河的过程中，股市节目成为当时所有经济台最核心的节目。

进入 20 世纪 90 年代后期，节目形式特色已经消失，节目内容宽泛没有针对性的经济广播开始在其他专业频率的冲击下走下坡

路。我国的社会主义市场经济发展到 20 世纪 90 年代, 人们对信息的要求从海量变为精确, 越是有针对性的信息越能满足受众的需求, 实体经济的从业者并不想从广播中听到过多虚拟经济的内容, 经济领域中的生产者可能更想获得与生产有关的信息, 细分化、定制化成为受众新的需求。世界其他国家并没有"经济广播"一说, 只有经过细分的金融、财经或证券等广播频率。在中国, 一些经济广播敏锐地意识到社会与受众市场的变化, 将经济广播改为金融频率或财经频率, 或者干脆叫证券频率, 在一定程度上取得了成功。而继续固执地以创办者的主观愿望出发定位频率、设置节目的经济广播, 成为仅仅贴个经济标签的"专业广播", 因为没有抓住细分市场, 没有抓住听众的真正需求而无法吸引听众, 陷入更深的发展困境。

二、经济广播听众群体老化, 收听方式受限

在整个广播的收听群体呈现老化的背景下, 经济广播收听群老化的程度更甚。以上海第一财经为例, 多年以来, 上海第一财经广播节目定位于股市证券类广播, 收听高峰在白天上班时段出现, 收听方式以居家收听为主, 听众群体年龄层集中在 55~65 岁。而第一财经在行业内已经是一个汇聚大批财经精英, 专业化程度很高, 标榜新锐的明星频率, 其他经济广播听众群体的老化程度可想而知。

老化的听众群体带来收听方式的限制, 居家收听为主收听方式, 不适应现代移动收听和网络时代的需求。据 2011 年上海文广传媒集团对听众市场做出的"CTR"专项调查, 在推及的 686 万听众中, 出租车、私家车、轨道交通、公交车等移动收听人口共有 504.9 万, 比例高达 78.2%, 居家收听比例降低到 21.8%。在这项调查中, 有 40% 以上的私家车主表达了希望在上下班路上收听财经资讯的愿望。①

关注财经或金融信息的中青年受众群体是高收入、高学历、高

----

① 王路. 小众的专业化路子走不通[J]. 视听纵横, 2012(1).

消费能力的群体，而这部分群体更倾向于通过报纸、电视、手机、网络等更便捷的方式了解财经、金融和投资信息，经济广播对居家收听、老化群体的节目设置与安排无法吸引年轻一代的收听群体，导致其发展无法延续。

三、受社会经济环境潮汐影响大

经济广播与其他的系列广播相比较，收听群呈现周期性的潮汐现象。这一现象对财经、证券类经济广播来说尤为明显，当股市呈现牛市的时候，股民特别多，受众对投资领域的热度高，对经济广播的关注度和需求高。但股市一旦到了熊市，经济低迷时，经济广播的收听群就急剧收缩了。因为我国的股民多数是趋势投资者，而真正价值投资者还很少。收听群体的萎缩直接带来广播广告销售额的下滑。

从开时代之先河到跟不上时代步伐而被挤入困境，我国的经济广播的出路仍在于如何适应社会变迁对专业广播的要求。首先，在一个需求日益多元化，对信息的要求日益精确化的今天，找准频率定位是首要的。"有所为所有不为，有为才能有位。"综合的路线已经被今天的受众所抛弃，必须坚持专业化道路，选定经济生活的某一领域，提供专业化的信息内容。其次，解决收听群体老化的问题，经济广播不能再固步自封，固守原来的运营思路，而应该积极调整节目设置，与网络、电视等媒体融合，用新媒体的方式去吸引年轻的受众群体。最后，对社会经济环境所引起的经济广播潮汐现象，广播应该有预案，积极寻找经济领域的热点和关注点。比如股市呈现熊市的时候，受到社会上流动资金的"跷跷板"作用，或许债市、货币基金、银行理财产品以及楼市投资就会兴旺，这时候可以开放和投放新的广播节目产品，用以吸引受众和广告客户。经济广播只有紧跟社会主义市场经济的繁荣发展和目标受众群体需求变化，才能从中汲取养分，获得持续发展。

当代中国广播频率专业化正随着社会转型多元化发展而朝着纵深方向发展，呈现出新的特点，比如在发展理念上，正由频率专业化向类型化转变；在频率运行拓展上，正向着信息传播优势拓展；

在节目制作上，向构建节目合作网转化；在内容经营上向信息增值服务发展。因此，对频率专业化与社会转型互动的研究成为广播与社会互动总体研究中的重要一环。

第四章　广播与"分众化"的听众

在大众传播活动中，受众既是传播的起点，也是传播的终点，研究广播与我国转型期社会互动发展，受众是一个重要的视角。从受众角度来考察当代中国广播与社会互动，是从人的角度对传播与社会关系的认识，传播学奠基人威尔伯·施拉姆认为："信息本身并无含义，除非是人使之有含义。我们研究传播时，我们也研究人——研究人与人的关系，以及与他们所属的集团、组织和社会的关系；研究他们怎样互相影响；受影响；告知他人和被他人告知；教别人和受别人教；娱乐别人和受到娱乐。要了解人类传播，我就必须了解人是怎样建立起联系的。"①

改革开放 30 多年来的中国社会是社会阶层急剧变化的时期，这一时期中国由一个封闭的社会转变成一个人口流动的社会，水平流动和垂直流动在社会阶层间成为普遍现象，社会中间阶层等新的社会阶层出现，一些已有的社会阶层出现分化。受众在价值观念、社会需求、审美趋向、社会心态等方面发生巨大改变与分化，作为社会现实变化的敏锐风向标——媒体，在这一社会变迁过程中成为社会变化的直接表达者，又因为受众群体变迁的影响而发生传播理念、传播方式、传播效果等的改变。更重要的是，在这一过程中，媒体应该也有责任成为社会变迁的推动者和瞭望者。

---

① ［美］威尔伯·施拉姆，威廉·波特. 传播学概论［M］. 北京：新华出版社，1984：4.

第一节　社会转型期广播听众的流变

一、广播听众的基本变化

30 多年来中国社会的转型变化直接影响和推动了广播听众的整体规模和结构变化。自从 20 世纪 20 年代第一家广播电台在中国出现，广播在中国走过了将近 90 年的发展历程。但是，在相当长的时期内，由于历史、社会和战乱等原因的影响，中国广播事业的发展速度和普及规模都相当有限，中国广播的听众曾经在相当长的时期内，处于绝对被动和无可奈何的境地。1949 年中国广播事业进入新的发展时期，可惜好景不长，20 世纪 60 年代中期中国开始了"文化大革命"，十年浩劫，政治的动荡让广播的发展和社会功能的开发几乎停滞。改革开放以后，广播事业进入快速发展期，从 1978 年到 2010 年，广播播出机构数量、广播频率数、综合覆盖人口、覆盖率、节目制作时长、每周播出时长、广告收入等指标都发生了显著的增长。以广播综合覆盖率为例，我国广播的综合覆盖率从 1982 年的 64.10%，上升到 2013 年的 97.79%。①

中国广播受众的第二个基本变化是：从作为"人民"的听众，到作为"消费者"的听众的转化。中国广播在改革开放前的相当长一段时期，特别是"文化大革命"时期，没有作为"受众"的听众，只有作为"人民"的听众，广播与受众之间不是传受的关系，而是传达的关系，没有交流，只有听众被动倾听和接受。广播与受众之间没有也不需要互动，广播的功能只是政治宣传的放大器。如在"文化大革命"期间，中央电台几乎全部照搬"两报一刊"(《人民日报》、《解放军报》、《红旗》杂志)的文章和报道。中共中央当时要求"凡广播电台(中央和地方)的宣传，均以毛主席审定的、《人民日报》公开发表的社论和消息为标准；凡中央报刊不发表的，电台

---

① 数据来源：《中国广播电视年鉴》(1982—2013 年).

一律不得广播"①。这一时期的广播受众虽然数量众多但面目模糊，需求单一，是作为政治群体的概念而存在的。

经过几十年的发展，在今天这个资源流动更加自由、社会开放度更高的社会环境中，媒介资源从供不应求迅速扩展到供过于求。尽管横向比较，广播从 20 世纪 80 年代开始就受到电视的强烈冲击，在受众规模、覆盖率上低于电视，但从其自身纵向发展来说，我国广播事业已经得到很大的改善。以武汉地区为例，除去本已竞争激烈的省市电视频率和报纸，仅在武汉地区可收听到的广播频率数量就达到 17 套，其中省级频率 10 套，市级频率 5 套，中央台 2套，媒体竞争激烈，受众选择多元。广播与受众间的传受关系已经从单一的传达，变成"受者中心"，广播与受众成为信息市场上的产品提供者和消费者，社会阶层分化和地域发展差异等因素发挥着越来越大的作用，催生出越来越多的需求选择，而这些需求又在"受者中心"的媒体市场上直接转化为生产者（媒体）对消费者（受众）的迎合和满足。

从改革开放进程的启动，到社会阶层明显分化，再到广播听众的多元和分流，中国广播受众版图的第三个显著变化是从"大众"到"分众"的变迁，也就是听众细分。受到政治权力控制、社会观念的影响，改革开放之初的广播电台基本都是一套大综合频率，受众的需求受到压抑，那时候的听众是"大众"，传播的对象不分年龄、阶层、性别、职业，收听的节目老少皆宜。"分众"（demassify/ demassification）的概念是著名未来学家托夫勒在 1970 年首先提出的。"分众"这个概念是指对大众传播中的受众进行进一步的细分区隔，将作为"大众"的整体的受众按照一定的人口特征，如年龄、性别、职业、受教育程度等，划分成一组组群体，每个群体内部的受众具有特征的相似性，同时群体与群体之间具有鲜明的区别。"分众"这个词语具有动词和名词的双重属性，因此它也具备了双重含义："它即指解大众化，即将整体受众划分为一个

---

① 赵玉明. 中国广播电视通史 [M]. 北京：北京广播学院出版社，2004：296.

个群体的这样一个过程；也指解大众化后的结果，即那些被划分的群体。"①

托夫勒预言"广播"的综合频道将会被"窄播"的专业化频道取代。托夫勒的预言无疑已经被当代广播电视发展的历程所证实。分众传播的基础是传播目的的多元性，经过 30 多年的改革开放，我国传媒已经完成了对媒介功能本体意义的追求和实现，从单一的喉舌功能向信息传播、教育服务、文化传播、休闲娱乐等多元功能转化。传播分众的前提则是大众存在的多层次与复杂性，"大众"的概念似乎可以指代一切传播的接收者，这种一概而论同时也代表着缺乏指向性的，经过改革开放的洗礼，今天的受众不仅在阶层上出现了分化，价值取向、思想观念都与以往有很大的不同，"大众"是复杂而多元的。1986 年 12 月，珠江经济广播电台的横空出世，宣告了广播对受众分众化的初次探索。此后，中国广播电台相继出现经济台、交通台、音乐台等多种内容细分化的广播电台，妇女台、儿童台等对象细分化的电台，广播受众进行着从"大众"到"分众"的变迁。

二、广播听众收听行为和收听心理的变化

从 20 世纪 80 年代开始，听众收听广播节目的目的和兴趣都发生了明显的变化，听众主要将广播当做获取信息、精神消遣的主要途径。在听众最常收听的广播频率中新闻、生活服务、音乐和故事类节目广受欢迎，其中新闻节目的收听率最高，可见听众收听广播的主要目的是为了了解国内外和本地发生的大事、增长见闻扩大知识。广播听众始终处于流失和补充的过程中，电视、报纸、网络等媒体的竞争使一部分听众流失，但与此同时，新的受众群又回流到广播媒体上，受众群体质量、结构、层次的变化使得受众收听行为和收听心理发生着巨大的变化。

概况来说，可以从受众收听地点、受众广播接触率、收听时

---

① 俞虹. 窄播——有线电视台自办节目的基本走向[J]. 中国广播电视学刊, 1997(1).

长、全天收听趋势、喜欢接触的节目内容等方面来梳理受众收听行为和收听心理的变迁路径：

1. 听众收听环境的变化

根据央视—索福瑞媒介研究机构最近 10 年对国内 33 座城市广播听众的基础研究数据，广播听众收听地点发生了显著的变化：从以居家收听为主，向移动收听转变（如图 4-1 所示）。2005 年，家中是最重要的广播收听场所，这一比例占到 73.8%①，虽然广播最大的优势在于伴随性和可移动性，但是绝大多数听众仍然选择在固定地点收听广播。到 2008 年，在家中收听广播的人群比例有了小幅下降，比例为将近七成，广播移动收听的特点逐步显现，在私家车中收听广播的听众比例从 2007 年的 11.3% 迅速攀升到 2008 年的 13.1%。② 2009 年，在家广播收听比例为近六成，下降了将近一成，私家车，公共汽车和轨道交通越来越成为听众收听广播最多的地点；③ 2010 年，只有五成的听众最经常收听广播的地点为家中，把私家车作为最经常收听广播地点的比例达到了 20%，在公共汽车和轨道交通中收听广播的比例也达到了 13%。④ 2013 年，在家中收听广播的比例虽有所回升，但移动收听的比例增长也非常明显，把各类交通工具作为收听地点的比例占到了 57.4%。⑤

从听众地域特征来看，不同城市听众在选择广播收听地点上呈现因地制宜的特点。纵观最近 10 年的数据，城市与城市之间，由于经济发展水平不同、城市交通状况、道路建设、地理状况不同，

---

① 中国广播电视年鉴编辑委员会编. 中国广播电视年鉴[M]. 北京：中国传媒大学出版社，2006：244.

② 中国广播电视年鉴编辑委员会编. 中国广播电视年鉴[M]. 北京：中国传媒大学出版社，2009：213.

③ 中国广播电视年鉴编辑委员会编. 中国广播电视年鉴[M]. 北京：中国传媒大学出版社，2010：275.

④ 中国广播电视年鉴编辑委员会编. 中国广播电视年鉴[M]. 北京：中国传媒大学出版社，2011：267.

⑤ 中国广播电视年鉴编辑委员会编. 中国广播电视年鉴[M]. 北京：中国传媒大学出版社，2014：11.

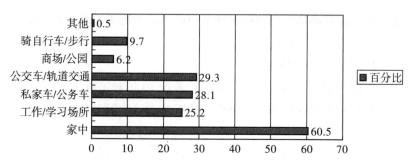

图 4-1 2013 年全国 33 个城市 15 岁及以上听众最经常收听的地点比例
数据来源:《中国广播收听年鉴 2014》。

人们使用媒体的观念和习惯不同,对广播收听地点的选择也存在较大的差异。以对 2009 年的统计数据为例:大连、南京、上海、绍兴、苏州、天津和武汉超过 70% 的听众最经常在家收听广播,常州、哈尔滨、济南、韶关、沈阳和石家庄最经常选择在家里收听广播的比例在 60% 左右;相对而言,北京、长春、长沙、福州、深圳等地最经常在家收听广播的听众比例较小,均在 50% 以下,其中深圳地区最少,经常在家收听广播的听众仅为 22.9%,同样在深圳,听众选择在公共汽车或者轨道交通上收听广播的比例最高,为 5.7%;其次是福州,为 40.8%,大连、佛山、合肥、南京、宁波等 13 个城市听众最经常在公共汽车和轨道交通上收听广播的较低,不足 5%,其中绍兴最少,仅为 0.4%。最常在私家车上收听广播的比例最高的城市是北京,比例为 31.2%。在广播媒体重点开拓的市场——出租车收听市场上,由于各地出租车发展存在差异、乘坐习惯不同,听众比例差异也较大,2009 年,长沙为最常在出租车上收听广播的城市,比例为 22.7%,而佛山和绍兴这一比例最低,几乎没有听众把出租车作为最常收听广播的场所。①

从目标听众的身份来看,收听地点还受到使用交通工具的频率、性别、年龄、教育水平和职业的影响。比如,女性在家收听广

---

① 中国广播电视年鉴编辑委员会编. 中国广播电视年鉴[M]. 北京:中国传媒大学出版社,2010:275.

播的比例超过 50%，男性听众更倾向于在私家车、出租车、公共汽车、骑自行车和步行过程中听广播，这是近 10 年来呈现的一致特点，女性收听地点的显著变化是在私家车中收听人数显著增加，从 2010 年的 15.9%骤增到 2013 年的 31.3%，这与近两年来女性司机人数增加有关。不同年龄群体对收听地点的选择也凸显出年龄的影响，在 25 岁以上的听众中，年龄越大，越经常选择在家中收听广播，25~34 岁和 35~44 岁这两部分听众是则是最经常在私家车收听广播的主力。受教育程度同样影响着听众对广播收听地点的选择，从央视—索福瑞近年的统计数据来看，教育程度越高的听众在家中收听广播的比例越低，而与职业相关的因素中，社会地位越高、收入水平越高的听众选择在各类交通工具上收听广播的比例越高，无业人员或学生在家中收听广播的比例较高。近年来，听众收听地点呈现的变化和特点也在一定程度上为广播媒体提供了对象化编排、节目定位的思路。详见表 4-1 所示。

表 4-1　　　　2013 年全国 33 个城市不同目标听众最经常
收听广播地点的选择比例

目标听众	家中	工作/学习场所	私家车	公共交通工具/轨道交通	班车	出租车	骑自行车/步行	其他
男	38.3	4.6	39.4	7.2	4.2	4.5	1.0	0.8
女	50.1	2.5	31.3	8.8	1.0	4.6	0.8	0.9
15~24 岁	40.1	5.2	29.4	14.0	1.9	7.5	1.3	0.6
25~34 岁	26.0	3.6	49.2	9.9	4.1	5.5	1.3	0.4
35~44 岁	27.9	3.6	53.7	5.7	3.6	4.2	0.9	0.4
45~54 岁	48.0	4.6	33.7	5.0	3.7	3.5	0.3	1.2
55 岁及以上	83.6	1.9	7.0	3.6	0.4	1.4	0.2	1.9
未受过正规教育	93.3	1.2	1.5	2.9	0.0	0.4	0	0.7

目标听众	家中	工作/学习场所	私家车	公共交通工具/轨道交通	班车	出租车	骑自行车/步行	其他
小学	72	3.0	13.7	5.5	1.0	2.4	0.3	2.1
初中	54	6.0	24.2	7.2	3.0	3.6	0.7	1.3
高中/技术学校	46.3	4.6	31.3	8.1	3.1	4.9	0.9	0.8
大学及以上	30.1	1.8	50	8.7	2.7	5.2	1.1	0.4
干部/管理人员	23.3	1.8	62.1	5.3	3.4	3.4	0.3	0.4
初级公务员/雇员	31.1	3.2	46.1	8.1	4.1	5.6	1.5	0.3
个体/私营企业人员	21.7	3.6	58.4	7.4	1.5	5.8	1.0	0.6
工人	40.0	9.8	24.7	11.7	7.2	4.8	1.0	0.8
学生	48.2	5.5	28.1	11.8	0.1	4.8	0.8	0.7
无业（包括退休）	76.0	0.4	13.2	5.4	0.1	2.9	0.3	1.7
其他	73.2	5.6	12.4	2.4	0.8	3.0	0.8	1.8

数据来源：《中国广播收听年鉴 2014》。

2. 听众广播接触率和听众占有率的变化

由于受到其他媒体的挑战和冲击，广播接触率的变化是显而易见的，特别是网络等新媒体的加入，使得本已竞争激烈的媒体市场的受众资源更加有限。由于受众的总体数量有限，因此，广播接触率和听众占有率的变化与其他媒介发展变化密切相关。在广播、电视、杂志、报纸、互联网五种媒介的受众接触率走势中，从 20 世纪 80 年代中期开始，电视一直稳居受众媒介接触率的第一名，其受众接触率接近 100%，报纸的受众接触率也很高，仅次于电视；
接触率较低且呈下降趋势的是广播和杂志，相比之下，广播的接触
率更低，下降趋势也比较明显。1995 年，广播媒体的受众接触率
是 68%；2003 年，这个数字变成了 30%；到 2011 年，广播媒体受
众接触率是 21.96%，互联网作为近 10 多年发展起来的新生事物，
其受众接触率从低点起步，增长迅速，特别是在移动互联时代，互
联网络的受众接触率远远超过了广播和杂志。

　　3. 听众广播接触时长的变化

　　尽管广播听众的广播接触时间相比电视明显偏少，但是纵向比
较 10 多年来广播媒介受众接触时长，并没有出现明显的变化规律，
从图 4-2 来看，变化不大。1998 年，我国广播听众的日平均广播收
听时间为 72 分钟，2000 年为 81 分钟，2001 年为 75 分钟，2002 年
为 83 分钟，2004 年为 76 分钟，2005 年为 69 分钟，2008 年为
85.2 分钟，2009 年为 86.1 分钟，2010 年为 83.9 分钟，2013 年为
77 分钟。可以看到，15 年间，除了个别年份广播听众日平均接触
时间呈现显著减少外，其他年份广播听众日平均广播接触时间基本
在 70~80 分钟；周末的广播接触时间也呈现相同的趋势，略有增
长，基本在 80 分钟左右徘徊，如 1998 年的听众周末广播接触时间
为 77 分钟，2000 年为 89 分钟，2001 年为 80 分钟，2002 年为 84
分钟，2004 年为 84 分钟。

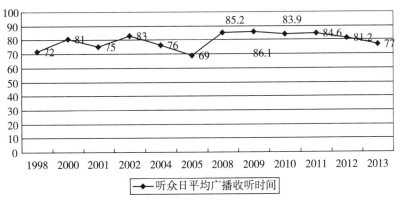

图 4-2　听众日平均广播收听时间趋势图(1998—2013 年)

总体来看，与电视媒介受众接触时间显著增长的趋势不同，广播听众接触时长呈现微弱变化，听众接触行为变化较小。

此外，听众的收听时长还受到地区、季节变化、人群构成等因素的影响。其中，地区因素对受众广播收听时长的影响最大，地区因素包括当地广播发展状况、城市受众媒介接触习惯，广播与电视、新媒体等其他媒介竞争形势等诸多因素。地区间广播收听时长悬殊的趋势在历年来都得以体现，如2013年，哈尔滨是被调查的33个城市中，人均日收听广播时长最长的城市，达到了将近129.8分钟；其次是天津为115.3分钟①，这两个城市恰恰是广播发展态势较好、市场占有率较高的城市。在这两座北方城市，听众有良好的广播收听习惯和传统。收听时长最低的城市是重庆、南宁、宁波、长沙，这四个城市集中在南方，平均每人每天收听时长不足50分钟。特别是长沙，电视的强势发展在相当程度上抑制了受众对广播的接触欲，近10年来，长沙的人均每日广播收听时长始终居于末位，2013年，人均每日收听时间为41.3分钟，只有最高值的1/3多一点。

季节因素从一个年度的变化来看显示出对广播收听时长的细微影响，比如在气温偏高或偏低的季节，人们往往会更多待在室内，收听广播的几率要大一些，人均收听时长比其他季节整体多出几分钟。不过从整体趋势来看，四季收听趋势是一致的。

人群构成对广播接触时长的影响基本存在固定规律，2013年，男性听众人均日广播收听时间达到86.5分钟，比女性听众长5.3分钟。年龄越大，收听量越大，中老年群体对广播媒体的收听量几乎是年轻群体的2倍左右。其中，10~14岁的少年儿童听众人均每日收听时间仅为32.7分钟，是55岁以上群体收听时间的1/3。在受教育程度方面，初高中听众广播收听时间较长，达到每天1.5小

① 中国广播电视年鉴编辑委员会编. 中国广播电视年鉴[M]. 北京：中国传媒大学出版社，2014：210.

时左右。①

4. 全天收听趋势的变化

广播全天收听趋势的改变是明显的，30多年来，广播已经完成了从夜间媒体到白天媒体的流变。

在20世纪80年代，听众收听广播的黄金时段依次是晚间、早间、中午，当时人们对媒介接触有限，广播在晚间拥有大量的听众；到20世纪90年代上半期，听众收听广播的黄金时间发生了变化，收听的黄金时间依次为早间、晚间、中午，早间收听率发生了明显前移，电视的崛起是造成这一变化的首要原因，电视已经开始占据晚间的收视市场；到20世纪90年代末，听众收听广播的黄金时间再次发生改变，演变成早间、中午、晚间。广播的晚间小高峰时段前移，一般出现在下班时间的17：00—19：00，20：00以后广播收听率明显走低，夜间成为广播收听率最低的时段，广播媒体正式完成了从夜间媒体向白天媒体的流变。这种变化既与电视牢牢占据夜间时段有关，也与广播伴随性特点直接相关，早间人们起床洗漱、吃饭、上班的过程中可以方便地使用收音机了解最新国内外和本地信息，因此广播收听的最高峰出现在早间6：00—8：00，这种趋势在近年来的统计中保持一致。另一个收听趋势是工作日傍晚收听小高峰时段的出现，随着城市私家车越来越多，城市交通拥堵越来越严重，人们上下班花在路上的时间越来越长，工作日傍晚收听小高峰的时段的出现正是在这样的背景下出现的，广播的伴随性使之成为下班路上人们休闲解闷的首选媒介。一些地方电台在这一时段适时推出的美食节目、脱口秀节目、交通信息节目都非常火爆，收听率很高，占据了不小的市场份额。

5. 听众喜欢接触的节目内容的变化

30多年来，听众所能接触到的由广播媒体提供的节目内容在数量和质量上都发生了很大的改变，广播听众喜欢接触的节目在具体样式上也发生了改变，比如，新闻由过去的播报式变成了现在的

---

① 中国广播电视年鉴编辑委员会编. 中国广播电视年鉴[M]. 北京：中国传媒大学出版社，2011：268.

谈话式，热线互动节目、访谈节目的相继流行等。不过虽然改革开放以来，人们的思想意识发生了很大的变化，但是近 10 多年，广播节目形态渐趋完善，社会意识形态稳定发展，听众喜欢接触的节目内容变化不大。总体来说，听众喜欢接触的节目类型排名依次是：新闻类节目、音乐类节目、生活服务类节目，其他与广播声音媒体特质相关的节目如小说评书、情感故事等排在第四类。

虽然听众喜欢收听的节目类型没有大的变化，但是在具体节目形式上变化仍然是明显的，比如在最受听众喜爱的新闻类节目中。10 年前，听众最喜欢收听的是国内新闻，其次是国际新闻；现在，听众最喜欢收听的新闻节目是提供新闻资讯的新闻/时事类节目，新闻评述等。2010 年新闻/时事类节目选择比例为 57.5%，2013 年则增加到了 69.7%（如表 4-3 所示）。听众对新闻/时事类节目关注度大幅走高这种变化，反映出社会转型期社会环境日益宽松和开放，公民意识觉醒，参与公共表达的欲望和能力有了很大的提升，对新闻时事类、新闻评述类节目投入了更大的关注度和参与度。

表 4-3　　　　　　**听众最喜欢收听的节目变化情况**

年份	听众最喜欢收听的节目（选择比例%）
2005	国内新闻（58.8%）
2008	综合新闻（55.97%）
2009	新闻/时事（59.7%）
2010	新闻/时事（57.5%）
2011	新闻/时事（62.9%）
2012	新闻/时事（68.2%）
2013	新闻/时事（69.7%）

数据来源：《中国广播电视年鉴》（2006—2014 年）。

根据《中国广播电视年鉴》2006 年到 2014 年的持续统计分析，社会阶层的分化和定型化让听众对喜欢收听的广播节目的选择显示出明显的差异：受教育程度越高、收入水平越高的听众越倾向于喜欢收听新闻资讯和音乐类节目,而受教育程度低、收入水平低的听众则更倾向于喜欢收听轻松愉快的休闲娱乐和生活服务类节目。从职业来看,学生最喜欢的节目类型是音乐类节目,干部、管理人员、公务员和雇员更喜欢收听新闻/时事类节目,退休、无业人群更关注生活服务类节目。

如今的听众,在节目的目标选择上更加明确,对节目的主体意识更加强烈,节目参与意识更强,多种阶层共存的状态,使得不同群体间的价值取向和收听心理呈现出丰富性和多元化。

第二节 社会转型期广播听众的特征

一、转型期广播听众的收听环境

在媒介多元化发展的今天,广播听众的收听环境、广播所处的媒介环境都发生着巨大的变化,要了解社会转型期广播听众的收听行为,离不开对听众收听环境的考察。

1. 广播电台数量和播出时长

从 20 世纪 90 年代中后期以来,我国广播在电台数量上持续减少,在频率数量上持续增加,广播电台数量从 20 世纪 80 年代每年以 100 家的速度增加,到 1997 年达到 1363 家,再到 1998 年整顿后陡然回落到 298 家,并再次减少到 2010 年的 227 家。[①] 根据《中国广播电视年鉴》统计数据计算,平均每座电台播出的节目套数从 1985 年的 1.37 套,到 1997 年整顿前的 1.19 套,再到 2010 年的 11.91 套。30 年间,特别是 1997 年至今的 15 年间,平均每家广播电台拥有的节目套数增长了 10 倍,广播节目套数、每日播出时长和自办节目数呈现快速增长。

2013 年,我国广播有中、短波广播发射台 850 座,调频发射台 10334 座,全国广播人口综合覆盖率达到 97.79%。2013 年全年公共广播播出时长为 1379.55 万小时,其中,播出新闻资讯类节目

---

① 数据来源:《中国广播电视年鉴》(1986—2011 年)。

282 万小时,专题服务类节目 310.87 万小时,广播剧类节目 77 万小时,广告类节目 125.93 万小时,其他类节目 210.50 万小时。2013 年全国广电系统广播节目制作时长为 739.12 万小时,其中,新闻资讯类节目为 139.74 万小时,专题服务类节目为 209.18 万小时,综艺类节目为 197.62 万小时,广播剧类节目为 17.82 万小时,广告类节目为 78.53 万小时,其他类节目为 96.25 万小时。①

2. 广播接收设备拥有情况

根据央视—索福瑞媒介研究 2013 年的基础调查数据,在全国范围内,有 37.3% 的家庭拥有正在使用着的广播接收设备,这个数字比 2012 年增加了 4.1%,收听设备的百户拥有量为 51 台,比 2012 年平均增加了 8 台。在全国城域拥有正在使用收听设备的家庭比例为 45.8%,比 2012 年增长 1.8 个百分点,在乡域这个比例是 31.4%,比 2012 年增加 5.6 个百分点。在拥有收听设备的家庭中,绝大多数家庭只拥有 1 台收听设备,拥有 2 台以上收听设备的家庭比重有所上升但总体仍较小,全国平均只有 9.1%,比 2012 年上升了 2.7 个百分点。详见表 4-4。

表 4-4 **2010 年、2013 年全国正在使用收听设备的拥有状况对比**

年份	地区	1 台(%)	2 台(%)	3 台及以上(%)	无收听设备(%)	百万拥有量(台)
2010	全国	22.6	4.2	1.9	71.3	38
	城域	30.2	7.3	3.1	59.4	56
	城域	18.3	2.4	1.2	78.1	27
2013	全国	28.3	5.8	3.3	62.7	51
	城域	33.9	7.6	4.3	54.2	64
	城域	24.3	4.5	2.6	68.6	42

数据来源:央视—索福瑞(CSM)媒介研究(2013—2014 年)。

① 陈若愚主编,中国广播收听年鉴[M]. 北京:中国传媒大学出版社,2014:3.

从地区来看，我国北方地区的广播收听设备拥有率要普遍高于南方地区，在华北、华东、西北的广播收听设备拥有率都超过了30%，其中华北地区广播收听设备拥有率最高，达到36.1%，平均每百户设备拥有量达到82台。华中、华南和西南地区的设备拥有率则相对较低，不到22%~24%，其中华中地区最低，平均每百户设备拥有量只有33台。详见表4-5。

表4-5 **2013年全国各大行政区正在使用收听设备的拥有情况**

行政区	1台(%)	2台(%)	3台及以上(%)	无收听设备(%)	百万拥有量(台)
东北	26.2	7.1	6.9	59.8	65
华北	36.1	10.3	7.3	46.3	82
华东	30.4	5.5	1.8	62.2	48
华南	24.5	4.8	4.0	66.7	48
华中	22.0	3.3	1.4	73.3	33
西北	32.9	10.2	5.2	51.7	71
西南	24.8	2.9	1.3	71.0	35

数据来源：央视—索福瑞(CSM)媒介研究(2014年)。

二、转型期听众的基本特征

社会转型期，作为社会系统的重要组成部分，媒介系统也发生着变化。今天广播所面临的媒介环境已经与改革开放之初截然不同，20世纪80年代中后期电视强势崛起，并始终处在第一媒体的位子，21世纪初网络媒体的兴起，又进一步挤占了传统媒体的市场空间。多年来，广播媒体始终要应对的最重要的问题是，谁在收听广播？如何留住因其他媒体而流失的受众群体？今天的广播听众选择广播并不是因为广播能提供区别于电视等其他媒体的信息内容，而是由于广播独特的媒介特性，比如伴随性强、动态收听、服务性强、听众参与性强、节目制作成本低、广告停留时间长等。因此，广播媒体的受众也是具有鲜明特征的群体，其生活方式、职业特征甚至个性特点都可能与广播的媒介特性相吻合，具有广播收听习惯的人常常会在一个相当长的时期内或者不经意的情况下选择收听广播，并对一类广播节目情有独钟，从某种程度上说，广播听众具有比电视更高的忠诚度。

1. 听众规模止住下滑态势

根据《中国广播电视年鉴》最近 9 年的统计数据显示，全国 10 岁及以上广播听众规模从 2005 年的 41160.3 万人开始逐年呈现下滑趋势，到 2008 年是 39848.4 万人，期间除了 2009 年出现了 41246.5 万人的短暂增长，到 2010 年听众规模又下降到 39499.5 万人，只占全国 10 岁及以上人口总数的 34.5%，不过这种下滑的态势在 2013 年出现了转变，2013 年全国听众规模有了大幅度增加，达到了 51349.6 万人，占全国 10 岁及以上人口总数的 43.3%，这种变化与手机、平板电脑等移动收听设备的普及不无关系。这里需要指出的是广播听众的统计范围是指拥有正在收听使用的广播收听设备或家庭成员中，有人在近 3 个月内收听过广播的家庭中 10 岁及以上人口。与广播覆盖的人口规模不同的是，受到电视和网络的冲击，部分家庭的广播收听设备已经闲置，而另一部分家庭不再购置新的广播收听设备，所以实际广播听众规模明显小于广播覆盖的人口规模。

2. 男性比例略高于女性

在广播听众中，男女比例多数年份维持男性比重高于女性，但总体相差不大。据 CSM 媒介研究 2013 年全国网基础调查，全国男性广播听众比例为 51.5%，女性占 48.5%，这个构成比例与全国 10 岁及以上人口的构成比例基本一致。在农村听众的构成中，男性听众比例为 51.4%，女性占 48.6%，在城市听众的构成中，男性听众比例占 51.5%，女性占 48.5%。这两组比例也与我国农村与城市人口男女比例基本一致。详见图 4-3。

3. 年轻听众比例较高

由于广播与网络和手机的集成，广播接收设备越来越多元和便捷，使用人群也越来越年轻化，青年人在私家车上、地铁里、公交

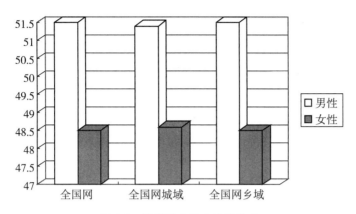

图4-3　广播听众男女比例构成

数据来源：央视—索福瑞媒介研究（2014年）。

车上都可以使用手机或者其他智能终端设备接收广播，广播不再是必须使用收音机居家收听的刻板媒体。年龄在15~44岁的听众比例最高，越来越多的社会中坚阶层成为广播的听众，他们收听新闻，保持着对国内外大事的密切关注与参与热情，他们也欣赏音乐和收听娱乐文艺节目，获得精神的愉悦与放松。

　　根据CSM媒介研究2013年统计数据显示，全国城域听众中15~44岁的听众比例达到61.5%，乡域听众中15~44岁的听众比例为58.7%，广播的听众渐趋年轻化的趋势已经显现，15~24岁青少年听众群体人数显著增加，更多的孩子们加入到收听广播的行列中来。详见图4-4。

　　4. 城乡听众受教育程度差异大

　　与我国城乡居民受教育程度存在较大差异保持一致的是，广播听众的受教育程度也呈现出明显的城乡差异，比如，在2013年央视—索福瑞（CSM）媒介研究的调查数据，在城域听众中，具有高中、大学及以上文化程度的听众比例分别是27.6和24.4%，这个数据远远高出乡域听众中的18.5%和7.0%的比例。在城市听众中，没有受过教育或者小学文化程度的听众分别是3.0%和13.7%，远低于乡域听众中的6.5%和24.1%的比例。不过，在全

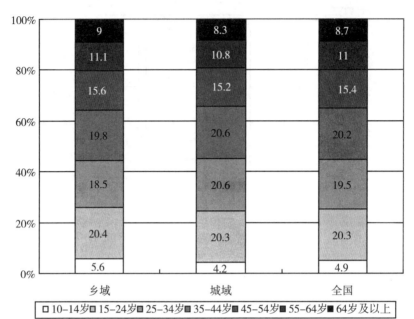

图 4-4　2013 年全国广播听众年龄构成(%)

数据来源：央视—索福瑞媒介研究(2014 年)。

国、城域和乡域的各项统计中，具有初中文化程度的听众是占比最高的群体。详见图 4-5。

5. 城乡听众职业构成差异明显

在我国城乡听众中，职业差异也是其中一个明显的特征，这当然也与我国城乡人口构成中本身存在的职业差异直接相关。2013年，在城域听众中，包括退休人员在内的无业人员比例最大，占到21.3%；而在乡域听众中，占比例最大的是以农、林、牧、渔为主的职业，这一比例达到了 33.9%。详见图 4-6。

6. 高收入听众群体所占比例提高

从广播听众的收入构成来看，除去城乡本已存在的收入差距因素，城乡听众收入整体水平都有不同程度提高。2013 年，城市月收入在 2000 元以上的听众比例比 2012 年的提高了 6.3 个百分点，

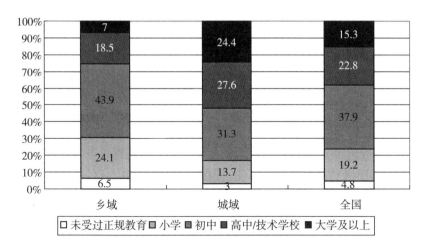

图 4-5　我国城乡听众受教育程度

数据来源：央视—索福瑞 CSM 媒介研究（2014 年）。

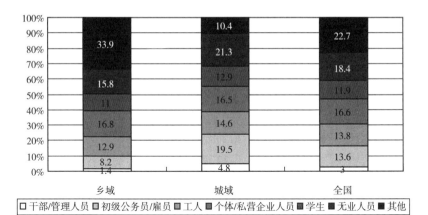

图 4-6　城乡听众职业构成

数据来源：央视—索福瑞媒介研究（2014 年）。

从 2012 年的 46.0%提高到 2013 年的 52.3%①；农村月收入在 2000

———————

①　数据来源：CSM 媒介研究（2014）。

元以上的中高收入听众比例从 2012 年的 26.7% 提高到 2013 年 31.2%。可见，广播已经吸引了相当一部分社会中收入较高的听众群体。这方面的变化与中国专业广播中，新闻广播的王者回归有关。

第三节 传播分众化时代的受众与广播

分众化是社会转型期受众的显著特征，在传媒竞争日益激烈的今天，任何一个媒体都不可能占据整个市场，当大众传播进入分众传播时代，分众化的受众成为媒体争夺的起点和落点，广播电视专业化发展，报纸、杂志的日益细化，都是对分众化时代到来做出的媒体应对。作为"分众"的受众与广播媒体存在什么样的互动，受众作为传播活动的起点和落点，其转型期分众化发展特征对广播媒体具有什么样的影响，这是当代中国广播与社会互动研究的一个重要方面。

一、分众市场变迁与广播理性诉求的回归

改革开放 30 多年来，我国传媒市场的一个显著变化就是从缺量市场走向过剩供给的市场。改革开放之初，由于我国经济基础薄弱和传播媒体传播能力有限，广播电台数量少，节目不多，整个媒体的供给处于稀缺状态。在 20 世纪 70 年代收音机是国家的重点产品，一般老百姓买不起，到了 20 世纪 80 年代早期收音机也是一个家庭的稀罕物，全家人围着一台收音机收听节目在当时是最常见的情景。随着改革开放的深入，市场经济的发展，中国的国家实力得到极大提升，人民的生活水平提高，广播媒体也出现了迅速的发展，广播电台数量从 1985 年的 213 家以每年 100 家的速度增加，发展到 1997 年的 1363 家。在媒体市场化的过程中，电台面临着激烈的市场竞争，很快就出现了过剩供给，同质化节目比比皆是，为了迎合听众而失去底线，频率和节目在不断变脸中失去了稳定的频率和栏目形象。

在分众市场到来的过程中，传受关系出现了变化，传者不得不

以受者的多元化需求为中心，抓住听众，占有市场。当传者完全被动地以受者为中心，为追求收听率，出现过剩供给时，就会出现传受距离和空间错位与失当。传者会出现无底线的迎合，对题材选择和信息判断评述失去应有的判断力；而对受者来说，使他们盲从的或非理性的需求得以满足。这种传受关系带来的媒体与受众间互动的变化，表面上看是传受距离拉近，短期内收听率上升，但从长期来看，可能带来的最大后果是双方的抛离。在大众传播活动中，如果没有传者需要（need）给予的信息和受者想要（want）得到的信息相互对称的平衡式，其结果只能是受者在过剩满足中厌食，另寻新欢，传者在过剩供给中自焚。①

民生新闻在广播媒体的兴起和发展过程可以说明这一问题，民生新闻自诞生时起就受到了媒体的追捧和受众的认可，一时间各级地方电台都办起了民生新闻、民生节目。民生新闻以当地老百姓喜闻乐见的本土新闻为主打，凭借轻松的表达、多样的形式和有个性的包装受到了听众的喜爱。但是，多年过去了，部分电台的民生新闻在迎合受众需求，抢占收听市场上挑战底线，屡出奇招，或者追求猎奇的内容，或者追求夸张的表达，渐渐偏离了广播媒体的职业准则，从而也就失去了市场，民生新闻节目一度走向了下坡路。

这时候，一些民生新闻节目开始反思，回归到媒体的理性诉求和选择，什么是民生新闻节目的分寸和尺度，什么是节目的边缘和底线，新闻的真实性原则、正确的舆论导向、媒体的社会责任，方言在特定范围中的使用等，在厘清这些问题后，再去满足受众需求成为更多媒体的理性选择。从无底线满足受众需求，到广播媒体理性回归，是在分众化竞争市场下，媒体和受众互动的一个可喜变化。

二、"分众化"的受众与传播价值多元化

在媒介环境发生着明显变革的今天，大众传媒的传播观念与价

---

① 俞红．电视受众社会阶层研究［M］．北京：北京师范大学出版社，2010：154.

值也随之发生着改变。由于社会文化生态环境的变化,媒介在传播活动中的自主意识明显增强,从单一的喉舌功能向大众传播的本体功能转化,政治功能、信息传播功能、教育功能、娱乐功能、服务功能、文化传承功能等都得到了全面的开发。广播从党台本位到新闻信息本位再到听众本位,从普适的平民关怀向精英群体与多元化传播视角发展,受众日益多元化的需求像一只无形的手,控制着广播媒体的变化。

分众来自社会分层,社会阶层的多层变迁,新的社会阶层的出现,使受众不再是一个整体,而成为一个丰富的存在。关注受众和满足受众成为媒体传播活动的基本理念和态度。"在这样一种情势下,过去那种短缺传播时代以'传播者本位'为主导的传播模式客观地、必然地要让位于以'受众本位'为主导的传播模式,即把按照受众的需求来决定如何结构传播的内容、决定传播的形式作为传播业运作的第一法则。"①在这种情况下,广播电台纷纷把受众调查作为一项了解受众需求和市场动向的重要工作,在频率改版、上新节目之前,查看自身和竞争对手的受众调查数据成为广播电台经营者的必然选择。中央台于1988年2月份组织首次全国听众调查,调查结果显示全国居民中接触三大媒介的达到72.5%,单纯听广播的只占到1.9%,单纯听中央台而不听地方电台节目的只有1.3%。这样的调查结果使中央台意识到竞争压力的存在,单一频率无法再占有整个听众市场,这说明社会阶层分化和地域发展差异等因素发挥了越来越大的作用,催生出越来越多的需求选择。电台必须通过加强改革力度,不断优化自身节目形式、内容,让听众多元化收听需求得到满足,使广播传播速度快的优势得以发挥,才能在竞争中取胜。

中央人民广播电台中国之声的数次改版就抓住了新时代受众对权威新闻、新闻评论节目的新诉求,使之成为当之无愧的国家新闻电台。中国之声在改版之前进行了大量的调研和考察,对先期改革

---

①　喻国明.中国媒介产业的现实发展与未来趋势[J].中国人民大学学报,2002(1).

成效显著的北京电台、广东电台、上海电台、浙江电台等一一拜
访，对山东电台、天津电台、山西电台、江苏电台、湖南电台、湖
北电台和吉林电台等也进行了探访，对中国广播的现状和走势以及
世界广播情况进行了整体把握，并对自身优势进行了比对。中国之
声的改版并不仅仅是业务模式和节目安排上的，更重要的是传播理
念的全面刷新。理念是行为的先导，要顺利推进重新定位的节目改
革和改版，中国之声首先注重的是理念领先。中国之声改革、改版
的宏观理念，是"世界眼光、开放胸怀、内合外联、多元发展"，
而微观的理念是做"最新闻"，突出及时性、呈现民生视角、加大
对新闻的解读①。这种理念带动了全国新闻广播媒体传播理念的革
新，从简单的信息告知向着民意代言人方向转变；由过去的概念报
道向着诠释报道转变；由过去仅考虑受众的知情权，向全面满足受
众的监听权转变。

　　传播价值的多元化体现在对传播内容的选择与处理、节目的形
态与表达以及受众的沟通与联系上。广播在传播内容的选择上更加
民生化，关注民众生计、民众意愿、民众立场，将视野下移到普通
民众，在处理方式上选择听众喜闻乐见的呈现方式和表达语态。用
一种平易近人、真诚沟通的方式与听众交流，给广播媒体带来新的
生命力。

三、受众需求与广播节目构成变化

　　在转型期社会中，受众需求呈现出从同一向多元和个性的转
化。从节目大类来说，虽然新闻和音乐一直占据听众最喜爱的两大
节目类别，但是从具体的需求来看，仍然随着时代变化发生着变化
和调整。20世纪90年代下海经商之风盛行，经济信息成为全社会
最关心、最关注的信息，于是从珠江经济台开始全国掀起了一股开
办经济电台的热潮。那时候的中国，刚刚进入市场经济，前方的不
确定因素太多，广播传递的信息能减少不确定性带来的困惑和不

① 史敏.入心出新，做"最新闻"广播——写在中国之声改版100天
[J].中国广播，2009(6).

安，大众媒介用它的"信息传递"功能成为在市场经济中摸索前行的人们的重要信息来源。同时，受众对信息需求的渴望也直接刺激了广播的改革。1992 年，上海东方广播电台开播，首次实现广播24 小时直播和主持人中心制，此后，全天新闻滚动播出，24 小时不间断直播成为各家省级电台和中央台争相效仿的模式。在直播节目中，广播"快"的优势得到了最充分的发挥，比如中国之声改版之后的"第一时间"、"第一现场"，"追热点"等栏目和板块都是广播抢占第一落点，"快"字当头的直接体现。中国之声大多采取直播中新闻现场连线的节目形式，记者用在新闻现场播报的方式，让听众能在最短时间内，甚至是同步收听事件进展，新闻中播出的内容很快就会由中国广播网转载，形成网台同步互动的格局。比如中国之声关于成品油价税费改革方案的报道就是在记者 17 点接到有关部门政策可能出台的短信通知后，由值班领导核实，并与有关部门及时沟通，最快速度拿到了消息稿。同时，迅速部署跟进报道，联系当晚进行政策解读的专家。晚上 6 点半新闻稿传来，第一时间在《全国新闻联播》播出，随后连线专家解读，并且分条提供给中广网转载。① 受众对新闻信息及时性的需求与直播线性流动的节目结构形成了完美的互动。

尼克·史蒂文森说："现代同一性的离散，可以从经济、政治和文化方面得到解释。比如说，在文化研究中，表明广告商、音乐业、报纸、杂志、广播和电视节目怎样以清楚明了的方式将目标指向受众的各个不同群体，这已是一件习以为常的事情。"②受众需求的多元化使得广播节目构成日益多元，但是从内容来看，虽然平民视角仍是一些广播媒体的选择，广播频率视线的上移也日益明显。受众定位为中间阶层、强势群体的节目和频率比例在加大，以商界名家、文艺名人、各界成功人士为主体的报道、访谈比比皆是，定

① 史敏.入心出新，做"最新闻"广播——写在中国之声改版 100 天[J].中国广播，2009(6).

② [英]尼克·史蒂文森.认识媒介文化——社会理论与大众传播[M].北京：商务印书馆，2001：97.

位高收入、高教育程度听众的新闻评论节目也成为许多新闻频率的主打。相对来说，对弱势群体、三农问题等对象和内容的关注则较少。这种现象当然与社会阶层中强势群体定型化、社会中间阶层崛起的社会阶层分化有关，大众媒体成为折射改革开放后中国转型期社会图景的载体，是作为传播者的广播与作为接收者的听众双向互动的体现。这种互动包括，广播作为社会文化的一部分，必然地反映出变化中的社会现实，同时，听众不断变化的需求迫使广播不断地去满足和适应听众。

四、受众需求与广播表达语态的变化

语态，在语言学范畴里的解释是：动词特定的形式或特殊的转意方法，用以表明动作主体和动词表示的行为之间的关系。在传播学的理解中，语态是指传播与交流活动的实施者用以进行内容表达的状态、方式和态度。从媒介文化生态语境角度来说，语态的变化源于语境的变化，语境是起点，语态是落点。

分众化时代广播表达语态的变化是由传播语境和传播对象构成的变化引起的，换句话说，分众化了的受众对广播表达语态的变化起到直接的影响作用。当代受众是一个越来越主动、越来越细分的群体。借助科技手段，他们获取信息的自由度大大提升，获取信息的渠道大大增加，他们主动使用媒介获得信息内容，并且通过新的传播技术，将新旧媒体有机融合，"为我所用"。受众的角色从"被动的收听者、消费者、接受者或目标对象"向"搜寻者、咨询者、浏览者、反馈者、对话者、交谈者"转变。[1] 听众可以收听广播的方式多样化，收音机不再是主流收听设备，手机、网络、车载广播等诸多设备都可以成为广播接收的终端，并被越来越多的人们接受和选择。当受众使用手机、网络或者车载广播来收听广播节目时，其身份不仅仅是受众，也很可能是信息的传播者，受众自主地选择媒介、传递信息，并做出反馈，并具有了多重身份。传统的传播语

---

① ［英］丹尼斯·麦奎尔. 受众分析［M］. 刘燕南、李颖、杨振荣，译. 北京：中国人民大学出版社，2006：88.

境已经发生了巨大的变化。传播语境决定了媒体的表达语态，表达语态为不同的语境服务，变化了的收听语境催生了广播新的表达语态。

改革开放前相当长一段时间内，广播是作为政治宣传工具使用的，广播的内容大多直接来源于报纸，表达方式照本宣科，居高临下，语言生硬僵化，语态高亢、同质化。改革开放30多年来，这种表达语态逐渐被平和、丰富、个性、生动、多元、异质性的语态所取代。这种变化，只有在开放、宽松的时代大背景下才可能出现，用直接、平等、面对面的传播方式呈现的主持人节目已经成为一种常态。"贴近实际、贴近生活、贴近群众"的三贴近原则成为新闻宣传的指导方针。2011年，在全国新闻战线开展的"走基层、转作风、改文风"活动更是掀起了一股带着泥土芬芳的新闻报道热潮。从传播学的角度来说，核心是传播的对象，媒介语境中的接收对象是语境中最活跃的对象，收听人群从性别、年龄到职业、收入等存在不小差异，收听目的也存在多种可能，比如获取信息、服务、娱乐等。谁在听、怎么听、听些什么，最终决定使用什么样的表达方式。

在电台新闻节目中，有几个明显的变化：一是"播"新闻变成"说"新闻，一播一说的变化反映了媒体对身段的放下；二是深度解读取代一般性的新闻播讲，深度解读来自广播听众不仅对信息，更对信息背后的信息的需求；三是听众互动参与成为常态，以往的新闻节目中听众可参与度极低，现在通过短信、网络微博互动等方式，听众对新闻事件的点评和看法可以通过主持人的转述直接加入到新闻节目当中，听众参与、听众意见成为媒体对事件影响力的重要组成。湖北电台《焦点时刻》栏目是全国开办最早的新闻评论节目之一，这类栏目也成为湖北台收听率较高的栏目之一。《焦点时刻》能在受众市场占据一席之地的原因在于其平民化的采制视角和表达方式：第一，平实，记者提问具体化，采写内容不空洞、不笼统；第二，表达语态平和，冷静、不冲动；第三，客观，尽量不将自身立场和态度放进报道中；第四，平等，不居高临下，不卑躬屈膝。其选题涉及社会生活的方方面面，但基本的特点是贴近民生，反映民意，传达民声。比如，春运期间《焦点时刻》推出的《与打工者同行》系列报道(文稿见附录 B)就是广播使用民生语态表达的例子。春运期间，三名记者兵分三路，奔赴湖北三个外出务工大县，从打工者的家乡开始，与他们一同乘坐火车分赴温州、天津、东莞三大打工目的地，同吃同住同劳动，真正做到深入群众当中，了解群众心声，采制的系列报道生动鲜活，也就深深抓住了听众的心。

广播表达语态的变化，来自传播语境的变化，特别是传播语境中最重要的传播对象即受众的变化。广播表达语态的变化表现出来更多的是广播节目形态的改变，但形式是为内容服务的，形式的变化最终反映了媒介所处时代和传播对象的变化。

五、广播对社会发展观念的重构

如果说，当代中国社会阶层变迁所带来的受众变化使得当代广播传播观念、传播方式、表达语态发生了巨大的变迁，那么显然作为大众媒介的广播也能动地影响着受众，并通过受众影响着整个社会。传播创造了文化并推动社会的发展，传媒如何选择传播内容，选择什么样的内容进入传播，如何在受众需求和传播内容中选择信息对称点，如何给予不同阶层平等的话语权，这些在今天的中国社会都成为传媒影响受众的重要途径。

经过短短几十年的发展，中国社会已经经历了加速和叠加转型的几个阶段，社会物质财富极大丰富、社会发展活力充盈、社会结构发育和阶层分层初步定型；与此同时，社会矛盾激化、社会问题突出、社会冲突凸显。按照发展经济学的说法，人均 GDP 达到1000 美元时，一个国家各种社会矛盾开始集中凸显，失业人口增多、城乡和地区差距拉大、贫富悬殊扩大等，中国社会当前就处在这么一个特殊的时期。作为听众的人群本身存在着多元化的构成和诉求，对媒体公开信息、彰显公民知情权、维护本阶层利益、促进社会公平正义等方面的要求尤为凸显。2003 年的"非典"疫情使得新闻媒体在保障公民知情权中的作用得到政府和受众的重视，2008年的汶川大地震则凸显了广播媒体对社会核心价值回归的引导和推动。通过在特殊条件下，广播媒体在信息发布、稳定人心、心理疏导等方面的重要作用，转型期社会中人与人之间的竞争、冲突、冷漠甚至倾轧得到平衡，社会主义社会的核心价值理念得到张扬和回归，友善、互助、奉献等精神重新为人们所崇尚。

广播媒体对社会发展观念重构的另一个影响力是舆论监督。舆论监督是新闻传播媒体的重要职责，如今广播媒体在发挥舆论监督功能时，注重新旧媒体的信息共享、追踪报道，营造强大的传播合力。比如，中央人民广播电台中国之声的《新闻纵横》、湖北人民广播电台《焦点时刻》等舆论监督节目，通过展示问题、提出议题、引导关注，打开了一个窗口，让处在社会强势阶层的政策决策者们看到问题，通过报道，让相关职能部门来关注和解决问题；让中间阶层建立对公平正义、积极健康、文明进取的价值追求；让弱势群体的话语空间得到扩大。舆论监督通过一个具体的议题设置，引导舆论，推进社会文明进程。比如 2012 年年初，湖北人民广播电台推出了《被蚕食的沙湖》系列追踪报道，关注水环境遭遇人为破坏的严肃问题，曾经为几代武汉人美好记忆的城中湖沙湖，因为非法围湖造田，开发房地产，造成湖泊面积急剧减少，生态环境严重恶化。这个系列报道的每一篇一播出就立刻通过湖北网络广播电视台转载，引起了社会各界的高度关注，中央人民广播电台、中广网、中央电视台等媒体纷纷跟进此事，听众打电话、发短信对此事表示自己的看法，通过新旧媒体联动和民众的共同推动，最终促使市政府就围湖造田一事做出了公开的解释和承诺，形成了巨大的舆论影响力和推动力。现在的广播往往通过几家联合、网台联合的方式提供议题、引导舆论，并推动事件进展，起到社会发展助推器的作用。

从改革开放进程的启动，到社会阶层明显分化，再到广播听众的多元和分流，广播媒体随着这一传播过程中的重要因子——传播对象的变化，发生着形态和内容的变化，同时也通过所选取的内容与传播方式形塑着广播受众的版图。一方面，广播媒体在利益的驱动下，通过细分市场迎合着分众化的听众的需求，在唯收听率的标准下决定着节目的取舍；另一方面，受到广播媒体与受众间的抛离作用，一些媒体的主流价值、传播理念得到重塑，社会的公平正义、不同阶层的话语权得以主张，广播媒体的公信力得到提升，重新占据了一定的市场份额。两者之间互相影响、互动发展的机制明显。

第五章　当代广播与新技术融合

在技术与媒介发展变迁的互动史上，技术似乎总是扮演着推动者的角色。以 20 世纪 80 年代以来的状况来看，这无疑是一段人类社会的经济结构和社会形态发生巨变的历史，全球化和信息化成为新的趋势。而单一的社会需求呼唤无法带来如此巨变，这一社会变化背后，是包括计算机网络技术、卫星技术、光纤技术、现代通信技术等新技术的主导与推动。当计算机成为大众普及的工具，计算机网络技术随之渗透到大众传播当中，电脑与现代电缆电视技术结合发展出新的大众媒介——多媒体，并形成网络新媒体。而当移动数字终端——智能手机、平板电脑迅速风靡时，借助信息技术和现代通信网络，移动媒体立刻成为风头正劲的新媒体。正如麦克卢汉所说，"媒介即信息"。每一项新技术的诞生和应用，都极大地改变了现有的传播格局，改变人们的传播方式，现代传播新技术的产生给大众传播媒介带来了划时代的变化。

就广播而言，在新技术条件下的信息传播系统，也不再是单一的地区媒介、声音媒介，而成为能传播处理文字、声音、图像等多种信息符号，能包容各个层次类型、多领域的传播活动。广播与技术、广播与受众(在移动传播时代"受众"正被"用户"所取代)、广播与其他媒介之间的界限日益模糊。考察中国社会转型背景下广播的发展互动，一个重要的问题就是怎样看待广播与技术的关系：技术将如何架构未来广播的信息传播系统，广播又将如何适应新技术条件下的传播方式，新广播的出现对社会意味着什么，政策和规制会对新广播的发展产生什么样的影响？这些问题都将在本章中得到阐述。

第一节　新技术的冲击

一、技术的革命

计算机领域最具影响力的大师之一尼古拉斯·尼葛洛庞帝曾说，"计算不再只是和计算机有关，它决定了我们的生存"。① 这句话反映了今天的现状，互联网络成为信息社会的重要标志，无时无刻不在影响着现代人的工作与生活。

18世纪末至今发生的三次技术革命中，信息技术革命带来的变化最大、影响最深、用时最短。在这场以计算机和微电子技术为核心，多种技术群落共同作用的技术革命中，科技转化为现实生产力的速度加快；技术产品的生命周期迅速缩短；人们对新技术的使用能力日益增强。在信息社会，信息处理和传输成为所有新技术系统发展的基础，对信息优势的争夺成为当今最激烈、变化最急剧的竞争。在信息社会中，传播技术及其产业被提高到立国之本的高度，成为争夺国际舆论话语权的一个筹码。

传播技术作为大众媒介这一社会文化装置的根基，与经济、政治、文化等共同根植于社会体制之中，信息技术革命给大众媒介带来的冲击和改变是显而易见的。信息时代三大最为重要的技术是网络技术、数字技术和卫星技术，数字化传媒在这些技术的推动下正成为传媒的主流。据美国权威调查机构皮尤研究中心（Pew Research Center）2012年发布的美国新闻业年度报告显示，2011年，美国印刷媒体的受众数量继续以每年5%的速度下滑，与之对应，数字新闻消费者数量持续增长，其中顶级新闻网站的月独立受众数量增长17%，这个数字与2009年和2010年的数字相当。② 广播媒

---

① ［美］尼古拉斯·尼葛洛庞帝. 数字化生存［M］. 海口：海南出版社，1997：18.

② 皮尤研究中心网站新闻业年度报告［OL］.［2013-06-13］. http：//stateofthenewsmedia. org/.

体的受众数量小幅上升为 1%。图 5-1 为 2010—2011 年美国受众增
长的状况。

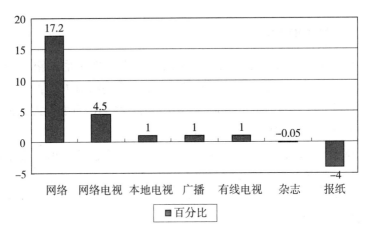

图 5-1　为美国受众增长状况（2010—2011 年）

和美国的情况类似，在中国，所有传统媒体都在极力挽回流失
的受众群。而就广播来说，多年被纸媒与电视排挤的局面却似乎获
得了转机。得益于汽车销售量的猛增，受众群的数量呈回升态势；
面对新技术，广播作为传统媒体之一，虽然也经受着前所未有的冲
击，相比文字、音乐、视频的极大互联网化，传统广播的互联网竞
争似乎并没有那么激烈，因此面对数字化浪潮的冲击，广播技术变
革与调整的机遇也是前所未有的。

广播在经历了调幅、调频模拟技术发展阶段后，进入数字音频
广播新阶段，据中国广播电视年鉴统计，2014 年我国超半数省级
电台制播系统数字化率超过 90%，许多地方的省、市两级电台已
经完成了全台业务一体化网络系统建设，网络广播、数字广播接连
亮相，基于数字技术的新媒体传播工具层出不穷。个人计算机（PC
端）收听方式渐成过去，通过智能手机、平板电脑等移动终端收听
广播的人群越来越多，连接网络收听音频服务的用户迅速增长。

二、快速更迭的新媒体

人类自产生文字媒介以来，在几千年的历史中只诞生了三类大众传播媒介：报纸、广播、电视。但是，最近 20 余年，随着电子产品和通讯网络的迅速发展，互联网崛起并被称为"第四媒体"，随后，依托移动通信网络和互联网络的手机媒体又迅速崛起，"第五媒体"来势迅猛。来自中国互联网络信息中心（CNNIC）《中国互联网络发展状况统计报告》的数据显示，截至 2014 年 6 月，中国通过手机上网的网民人数是 5.27 亿，手机使用率 83.4%，首次超越传统 PC 整体 80.9% 的使用率①。半年后，即 2014 年 12 月，中国通过手机上网的网民达到 5.5678 亿，手机使用率 85.8%②，手机作为第一大上网终端的地位更加巩固。短短几年时间，信息技术推动下的新媒体发展势头之强劲、更迭速度之快令人惊叹。

新媒体的出现使受众的信息渠道和可支配时间重新划分，网络媒体和手机媒体等新媒体的优势十分明显：网络媒体为受众提供了海量信息，多媒体呈现方式，强大的互动功能，个性化的信息发布；手机媒体则具有传播周期短、时效性强，传播源分散、范围广泛，内容丰富、形式多样，使用方便、参与性强等特点。与传统媒体相比，网络媒体和手机媒体更像是服务提供者，不仅仅改变了人们的信息获取习惯，而且改变了人们的生活方式，使之方便、快捷、舒适。

广播作为最古老的电子媒体出现在 20 世纪 20 年代，其间曾经历了电视崛起的猛烈冲击，而在 20 世纪末 21 世纪初信息技术席卷全球的浪潮中，与网络技术、移动通信技术密切结合的新媒体成为广播又一个有力的竞争对手。新媒体具有传统广播所不具备的优势，对广播造成了激烈冲击，原本被电视抢占的市场占有率又面临

---

①　第 34 次中国互联网络发展状况统计报告［OL］.［2014-07-05］. 中国互联网络信息中心：www.cnnic.cn/.

②　第 35 次中国互联网络发展状况统计报告［OL］.［2015-02-08］. 中国互联网络信息中心：www.cnnic.cn/.

着被网络媒体和手机媒体分割的处境。从另一个角度来说，在最初的冲击过后，广播媒体发现，与纸媒、电视媒体技术上的排他性不同，网络媒体、移动媒体等新媒体的出现与其说是竞争，倒不如说是机遇，因为广播借助新媒体技术成为崭新的"互动式数字化复合媒体"的时代到来了。

三、媒介使用的变化

现代网络技术的最大成功不在于技术，而在于对人们的影响。信息传播技术所带来的是人们接触信息的方式、对信息的理解、利用信息的方法等诸多方面的转变。1988年，曾有研究人员对计算机这一信息传播工具做过研究，结果表明，在12种满足需要的媒介传播和人际传播当中，计算机的得分是最低的。[①] 然而这种情况在几年之后就发生了很大的变化，计算机、计算机网络势不可挡地成为信息传播的首选，并渗透到社会信息系统的方方面面。

打开计算机或者拿出手机连接互联网络，而不是翻阅报纸、收听收看广播电视，成为更多人了解信息的方式。人们在网络技术、通信技术的帮助下，既能浏览国内外重要新闻事件，又能自主选择获取自己所需要的各类信息，这就完全迥异于传统的信息获取方式。在美国，超过75%的成年人拥有一台台式机或笔记本电脑，18%的成年人拥有一部平板电脑的拥有率，智能手机拥有率超过44%，人们用这些设备来获取资讯和新闻，这个比例在智能手机用户中大约为51%，而在平板电脑用户约占56%。而接近美国人口1/4(23%)的人，当前使用多个数字设备获取新闻。一个典型的场景是，早晨起床后，人们用平板电脑或者智能手机通过网络刷新专门根据自己需要定制的新闻，而不再像往常一样通过收听广播和阅读报纸来获取信息。

甚至，曾经由传统大众传媒建立起来的，人际间的互动交流在相当程度上已经被手机和网络媒体所取代。比如，年轻人习惯于通

---

① 李建刚. 技术变革与广播媒介转型[M]. 北京：中国传媒大学出版社，2011：87.

过手机或者互联网社交平台获取信息和进行信息交流，"刷手机"是许多年轻人了解新闻、发布信息、交流心得的方式，哪怕他们就处在同一个空间，甚至面对面。手机和电脑对使用者来说不仅仅是为了了解某些信息或者选择特定内容，而更像是一种仪式或者每天必须完成的程序，使用者每天花费大量的时间在这些媒介上，对手机和电脑产生了依赖性，"手机依赖症"成为广泛讨论的现象，这些新兴媒介的"仪式化"使用带来了一系列的变化。软件业、电信业、媒体、市场营销、电子制造、娱乐业等一系列行业因为人们媒介使用习惯的变化而发生着全行业性的巨变。

第二节　技术融合与广播形态的分化

媒介汇流现象是从 20 世纪 90 年代中期开始，随着波及全球的信息技术传输手段融合的浪潮而出现。进入新世纪，技术融合的趋势愈发明显，传播技术成为一切信息传播形态的技术基础，为与信息有关的产业提供了一个统一平台，新闻、出版、广播、电影、电视等大众媒体、通信及计算机网络汇合为一体，通过数字网络系统，为受众提供服务。新兴传播技术化解了通信业、传媒业及其他信息服务业之间的藩篱，使内容可以跨媒体的流通，激发受众对信息内容的需求。

技术创新给广播形态带来的变化是革命性的。在广播电台诞生至今 90 多年的岁月中，尽管其在专业化、类型化方面做出过诸多探索，但传统的广播电台播出机构通过无线电发射技术播出，听众通过收音机等接收设备收听的传播形态一直没有改变，直到这种局面被网络技术、移动通信技术等新信息技术快速改变。广播媒体实现了与网络和电信业的结合，在技术和内容上进行了升级，拓展功能，增加多媒体互动内容。传统广播提供的信息作为整体存在的意义削弱。信息被通过不同的载体形式分化提供，媒介的优势得到最大发挥。广播制作播出机构不再仅是专业广播电台，个人、商业机构都可以在网络上轻松地制播自己的音频节目。广播传播形态分化成网络广播、手机广播、汽车广播等多种传播形态。收音机不再是主流广播接收设备，电脑、手机和其他移动终端成为收听广播的主流。广播变成了移动的广播，云端的广播，个人的广播和社交的广播。

技术创新带来的新广播迭代速度非常快，从 1996 年珠江经济广播电台首次开通网上实时广播到当今各类移动音频分享平台盛行，从传统计算机网络到移动互联网络……当我们刚适应用个人电脑 PC 端收听广播时，手机拨号点拨广播节目的收听方式出现了，当手机拨号点拨广播节目的方式还没有完全被大家所熟知时，直接利用智能手机客户端收听广播的在线移动音频分享平台又占据了主流。每一次信息技术的更新换代都会将一种全新的广播形态带到人们面前，而其迭代更新速度呈现出明显加快的特点，在今天手机 APP 应用风生水起时，我们也可能随时迎来下一个出现的新广播。梳理近年来新技术推动的新广播形态，大致可以看到以下几种：

一、网络广播引领潮流

媒介形态变化的规律表明，当新媒介出现后，传统媒介的现有状态将会进行适应性改变。据 2015 年 7 月中国互联网络信息中心发布的第 36 次"中国互联网络发展状况统计报告"显示，截至 2015 年 6 月，我国网民规模达 6.68 亿人，互联网普及率为 48.8%，半年共计新增网民 1894 万人，较 2014 年年底提升了 0.9 个百分点。① 互联网络兴起后，传统广播的网络化是广播应对网络媒体出现的最初形变，也是对日益壮大的网民群体需求的适应。网络广播依托互联网和流媒体技术，是广播在新媒体时代诞生的新的传播形式，也是广播在信息时代重新占据传播优势的一大机遇。广播与网络的结合，让广播从此进入了一个全新的时代，传播范围、传播形态、传播内容、传播对象都发生了极大的变化。网络广播作为一种新的传播形态既使广播发生了分化，又将多种传播形态进行新的融合。

---

① 第 36 次中国互联网络发展状况统计报告［OL］.［2015-07-15］. 中国互联网络信息中心：www.cnnic.cn/.

我国最早出现的网络广播应该是 1996 年 12 月 15 日珠江经济广播电台开通的网上实时广播，2002 年 1 月 1 日中央人民广播电台网站改版，启用了新的名称"中国广播网"，标志着主流媒体网络广播进入快速发展期。10 多年来，作为一种新兴的媒体传播形态，网络电台发挥了传统广播和互联网相结合的优势，也曾拥有过闪光时刻，如今却多半以关闭的结局黯然收场，国内网络电台起起伏伏的发展命运耐人思考。纵观国内网络电台发展史，大致可分为传统类网络电台、公共类网络电台、商业类网络电台和个人类网络电台四种。

传统类是指依托传统电台建立的网络广播，截至 2015 年，全国 31 个省级广播电台、总台，以及 123 个地市级广播电台开办了网络广播业务，共有 325 套广播频率实现了网上直播。这类网络广播的发展也呈现分化，有的仅仅是传统广播电台的网络化，并不具备真正网络广播的特性，而有的网络广播则已经实现了优质音频节目的重新编排，文字、图像、声音多媒体呈现，网络互动参与等，具备了网络广播传播快速、信息接收舒适、互动性强的特点。如中央人民广播电台主办的中国广播网、银河台（CNBN 央广广播电视网络台）和中国国际广播电台主办的国际在线等。

公共类是指政府或公共机构开办的网络广播，2005 年，国家开始关注网络广播后，部分政府部门和公共机构开办了一些网络广播。如国务院新闻办、共青团中央等部门和机构开办了青少年广播网、青檬网等。

由一些商业网站或服务商开办的商业类网络广播曾经风靡一时，如 QQ 之声、猫扑电台、网易虚拟社区电台、萤火虫网络电台等。这类商业网络广播在个人电脑 PC 端盛行时，凭借自身网络覆盖和技术人才优势，主打音乐类型节目，短时间内就在年轻网民当中引起较大反响，拥有了大批用户。但随着智能移动终端渐渐取代电脑 PC 端，年轻人的收听方式再次被改变，依托个人电脑使用的 QQ 之声、猫扑电台、网易电台等都已经关闭。

与商业类网络广播类似，个人类网络广播也曾经一度在国内十分红火，这类电台多以个人播客的形式存在。从最初的节目分享，发展成为有一定制作水平和制作能力的"独立广播制作人"。个人类网络广播充分体现了"一人一媒体"时代的到来，但这类广播的权威性、持久性难以保证，一家个人广播电台往往长则数年，短则数月就退出了媒体舞台。

【案例】

银河台(CNBN，央广广播电视网络台，http：//radio. cnr. cn/)

"银河台"于 2005 年 7 月 28 日开播，依托中央人民广播电台的母体而诞生，创办早期其定位是一家中央级的广播电视网络台(主要提供的是广播节目)。2011 年，银河台推出了聚合各成员台音频资源的《听天下》栏目，中央人民广播电台的 19 套节目和 78 家地方台的 311 套节目都可以在该栏目中收听或点播，逐步完成了国家网络电台平台的搭建。目前银河台可通过电脑终端和移动终端两种方式进行收听和点播，用户也可参与制作银河台的节目。银河台的运行基于 Web2. 0 和 SNS 的技术，成为传统电台、网络电台、网络社区和手机电台的集合体，实现了固定网、移动网和广播网的三网合一。

银河台拥有自己的 DJ 和自办节目，开办有综合频道、车友频道、中国民乐频道、相声小品频道、古典音乐频道、评书频道、有声阅读频道等七个频道，实现 24 小时网上播出，开播两年就拥有"播客"固定会员 29578 人，原创播客作品 76756 余部，音视频数据总量超过 300G①，主持人在线直播的栏目化节目时长在全国网络电台中居于前列。比如银河综合频道就开办有《朗读天下》、《第一档案》、《美味懂一点》、《明星粉丝同乐会》、《世界正美丽》、《影视小站》、《勇往职前》、《校园风格会》、《网事在说》、《时尚》等十个栏目。

银河台将网站内容嵌入到开心网、人人网、豆瓣网等 SNS

---

①　李雪昆. 银河台：打造最杰出的华语网络电台［N］. 中国新闻出版报，2007-05-09(3).

(Social Networking Services)社会性网络服务网站，分享到新浪、腾讯、搜狐微博，通过QQ、微信、微博等与听众互动，听众通过"银河网络收音机"电脑客户端，"酷听"手机客户端收听、点播、参与制作银河台节目，是一个以电台为核心的，可以"边听、边看、边聊"的个性网络社区。

除在线节目外，银河台还开办了有声杂志《银河之声》，运用Web2.0技术和理念，使读者改变传统的阅读习惯，它整合了音频、视频、动画、文字、图片等多媒体表现形式。互动式电子杂志在视觉上效仿了传统平面杂志的排版技巧，给人震撼冲击，同时运用视频、动画和音乐的加入给受众听觉的冲击。在内容上，则以播放有声读物为主。

银河台创办了中国高校广播联盟，播出中国广播联盟和中国高校广播联盟台站制作的节目，这些联盟形式将传统无线广播与网络广播联动起来，用网络电台推动传统广播电台的发展。全国高校广播节目联盟定期组织校园主持人培训、建立高校广播站间完善的交流互动平台、支持高校文化活动等。目前已经吸纳了全国各地近150所大学广播台(站)成为该联盟的成员。

作为从传统广播电台脱胎的新媒体，银河台已经不是传统广播内容的大量复制，实现了网络广播的海量信息集纳、自由选择、同步互动、突破地域限制等优势。但根据笔者亲身使用经历来看，仍然存在着服务内容单一(以音乐节目和广播剧为主)、使用界面不够友好(选择节目较为不便)、多媒体功能不够全面、一些功能无法正常使用等问题，广播和网络的结合尚处在初级阶段。网络广播的架构已经形成，但对架构之下如何充实和丰富服务内容，仍需改进。

二、手机广播异军突起

当网络广播正逐渐走入人们视野的时候，手机带来的媒体变革已经悄然兴起，手机广播成为一种新型广播形态。近几年来，特别是 2009 年中国 3G 业务开展、2013 年底 4G 牌照发放，手机应用发展十分迅速，成为新的超级媒体，也被称为"第五媒体"。智能手机是随着 3G 技术的普及进入一个新的发展时代的，3G 技术为手机媒体的井喷奠定了网络和终端基础，而 4G 技术的应用又为移动媒体时代的到来进一步推波助澜。我国通信基础设施的建设和升级、运营商的积极推动以及网民对移动端高流量应用的使用需求，共同推动了 2G 用户向 3G/4G 用户的迁移。据中国互联网络信息中心（CNNIC）2015 年 7 月公布的数据显示，截至 2015 年 6 月，我国手机网民中通过 3G/4G 上网的比例为 85.7%。

手机广播的兴起一方面由于用户对移动通信的综合性需求在变化，手机对使用者来说不再是简单的通话功能，它作为个人信息管理工具和新媒体中心的作用逐步显现出来。手机广播相较于手机视频更符合手机产品的设计特性和人们的使用习惯。另一方面，对广播业界来说，手机广播提供了又一个拓展产业链的机会，通过数字广电网和移动通信网的有效融合，进一步拓展渠道构建、终端用户的开发，形成一个包括语音内容、终端用户以及传输渠道在内的有机统一的产业链。

3G、4G 技术推动的手机媒体发展不仅为广播提供了新的可能，这种趋势也正在深刻地影响着整个传媒生态。手机用户在手机媒体与用户的充分融合过程中扮演着双重角色，既是传统意义上内容的消费者，同时也是内容的制作者，用户可以随时随地录制声音、拍摄照片视频和输入文字。

自 2005 年 7 月 11 日"SMG 手机电台"开播，国内传媒机构提供内容的手机广播主要有三种形式：一是利用移动通信网络，由传统广播电台提供内容，用户通过下载播放器软件在手机上借助无线网络随时随地收听广播；二是广播网和通信网的融合，这种方式通过广播网实现下传，从内容到技术都以电台为主体，如"CNR 手机广播"和"SMG 手机电台"；三是手机用户进入电台自己创办的手机广播系统收听手机广播。比如北京人民广播电台的 DAB 数字多媒体可以用手机来收听广播电台的节目。

如果说在 3G 以前的时代，手机始终以通话为主，上网是其附属功能，而进入 4G 时代，宽带互联网搬到了手机上，基于移动终端的应用大行其道，通过下载播放器软件和拨打通信服务商号码来获取广播节目的手机广播也随之被淘汰。

【案例】

SMG 手机电台

SMG 手机电台是国内首个由传媒机构全程提供集群语音内容支持的手机电台，由上海文广新闻传媒集团（Shanghai Media Group）开发，2005 年 7 月 11 日开播，通过无线通信网络和广电网络，SMG 将最受欢迎的广播节目等语音内容放到一个实时或延时的手机广播平台上，供用户收听及点播、点送，在国内第一次采用了流媒体格式将主流媒体广播语音节目等系统拓展到新媒体。

SMG 手机电台运用的是 IVR（Interactive Voice Response）互动式语音应答技术，搭建了一个基于跨媒体互动平台的多向和开放的渠道。上海手机用户拨打 125901586（移动）和 10157586（联通）等号码，接入系统后，就可以实时收听时政新闻、体育资讯和财经快报多套广播语音节目内容，还可以随时点播以往的语音节目，或者与主持人交流、留言，参与竞猜、投票等其他互动。这些功能通过用户对手机的语音导航和按键选择等简便方式来实现。

SMG 手机电台开通了在线实时收听、在线延时收听、实时话语点评、友情点送、最新资讯收听预告等几大功能，手机用户在自己收听广播节目的同时，还能根据需要向身边亲朋好友点送他们感兴趣的语音节目。而一旦有突发事件或重要新闻，可对注册手机用户以短信群发方式进行预告，用户可根据需要通过手机电台收听最新资讯。①

SMG 手机电台已经将传统的信息内容的提供者的角色转

---

① 沈健. 手机电台演进中的关注点［J］. 中国广播，2006（6）.

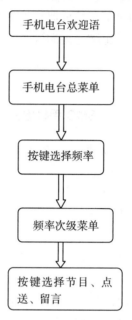

图 5-2　手机电台业务流程简图

变为服务提供商的角色，他们提出了一个优质服务的宗旨：关注用户的感受，理解用户的体验，把握用户的期待，实现用户的需求。在产品设计上，SMG 手机电台推出更具专业化和个性化的语音内容产品，搜集和分析用户的潜在需求和期望，根据不同类型用户的特点来提供定制化的应用服务。从产品链考虑，提出包括技术支持、策划、客户服务和产品营销等整体解决方案，从而构建了一个更具开放性、可扩展性的跨媒体互动平台。

三、微电台跨界风行

微电台是新浪微博在 2011 年 5 月 10 日上线的产品，从技术应用来说，微电台将网络广播与手机广播有机地结合起来，听众在个人电脑和手机客户端都可以进行收听。进入微电台的方式有六种：

一是用户可以通过在浏览器中输入微电台的网址（http：//radio. weibo. com/）直接访问；二是用户可以在微博个人主页的"应用"下拉单中点击选择"微电台"进入；三是在微博三栏版用户可通过左侧导航选择"微电台"进入；四是可通过#新浪网新闻中心首页#页面顶部了解"微电台"的实时收听的人数，并可点击进入微电台；五是可通过#新浪网视频频道#顶部导航条点击进入微电台；六是直接搜索想收听的微电台，如"中国之声微电台"，在搜索结果中点击进入。

微电台的出现带来了全新的广播收听模式：突破地域及终端限制，微博用户可以同步在线收听微电台节目，突破了信息单向流动的传播，实现了双向互动与多向传播，用户可以在收听微电台的同时，通过微博平台与主持人和其他微博用户进行即时互动。这种多极化的模式和多角度的传播特色，契合了网络时代受众的接受意愿，受到了广大微博受众和广播受众的欢迎。微电台在 2012 年前后增长非常迅速，到 2012 年年底已经覆盖了 34 个地区，吸引了417 家电台，3400 位主播入驻；随后即进入缓慢增长期，到 2015年 7 月，入驻微电台的电台数量是 478 家，两年半时间只增加了61 家。

微电台具有用户多元化、收听便捷、覆盖面广、互动性强等特点，是与网络电台不同的集听、看、互动于一体的全新应用。微电台为每个电台频率设立了专门音频界面，如点击"湖北之声"（FM104.6）便能进入该电台的音频界面，即时链接收听，界面上方正中显示正在播出的节目和即将播出的节目，右边栏目条显示正在播出的热门节目、热门电台和电台全天播出的节目单，可以通过节目单选择喜爱的节目；通过"边听边聊吧"栏目，可输入 140 字微博内容与电台 DJ 进行互动。用户点击"换台"按钮选择收听电台，也可添加喜爱的电台到"我的收藏"栏，方便下次直接点击收听。通过微电台首页上的"切换地区"功能，可以快速切换到全国不同地区的不同电台。例如在湖北地区已有 24 家电台入住，除省级电台外，还涵盖了武汉、宜昌、襄阳、荆州等市级电台。

微电台的诞生使传统广播在与互联网的融合之路上实现了强力

突破，具有革命性的意义。

第一，凭借微电台，传统广播媒体轻松植入移动新媒体，借助移动互联技术广播实现随时随地的在线收听或离线点播收听，从而突破了传统广播的地域和收听方式局限。借助微电台，越来越多的地方电台正在由封闭的区域性广播媒体，转变为开放的、全地域性的广播媒体。

第二，微电台脱胎于曾呈爆炸式增长的微博，而微博的出现推动了"全民信息时代"的到来。主持人和听众通过微博发布和互动，使得微电台的舆论引导与议程设置功能得到极大强化，微电台主持人可以成为网络谈话的组织者。例如2011年"7·23甬温线特大动车事故"发生后，微电台官方微博第一时间发布："请各位网友注意：@浙江交通之声将会带来最前方的报道，请各位网友关注，如果有前方最新消息，请@微电台，我们将第一时间将您的消息转发出来。"随后，微电台进行特别直播，并不断在微博上发布最新消息，众多网友第一时间通过微电台收听，获得最新资讯。此后通过不断滚动更新发布或转发电台、网友微博，更多的人通过微电台，通过声音、文字和图片全面迅速了解人员伤势、救助情况等事件进展，微电台及微博的关注促进和影响了政府对此次事件的及时处理和信息发布。

第三，微电台拓展了广播收听终端，顺应和培养了网络时代受众新的收听习惯，在当时重新吸纳了逐渐流失的年轻受众群和迅速上涨的移动终端用户群。2012年微博用户规模达到3.09亿人，相当一部分用户访问和发送微博的行为发生在手机终端上，2012年底手机微博用户规模达到2.02亿人，高达65.6%的微博用户使用手机终端访问微博。

遗憾的是，微电台伴随微博衍生，在移动互联网时代迭代更新作用下，微博渐渐失去大量用户，据CNNIC中国互联网络信息中心统计，2015年6月微博用户是2.04亿人，较2012年用户数量减少了约三成，随着微博式微，微电台也逐渐失去了主流用户的青睐。

四、移动音频分享电台

移动互联时代从本质上说是在移动互联网、大数据、云计算等科技不断发展的推动下带来的第二次信息革命，它所带来的用户行为改变是迅速和显而易见的。据中国互联网络信息中心（CNNIC）第 36 次中国互联网络发展状况调查报告显示，截至 2015 年 6 月通过台式电脑和笔记本电脑接入互联网的比例分别为 68.4% 和42.5%，较 2014 年年底分别下降了 2.4 和 0.7 个百分点，电脑端向手机端迁移趋势明显。此外，我国网民中使用平板电脑上网的比例为 33.7%，较 2014 年年底也下降了 1.1 个百分点。手机大屏化及应用体验的不断提升较好满足了手机网民的娱乐需求，对平板电脑的使用产生了一定影响。截至 2015 年 6 月，中国手机网民规模达 5.94 亿人，较 2014 年 12 月增加 3679 万人。网民中使用手机上网的人群占比由 2014 年 12 月的 85.8% 提升至 88.9%。① 终端普及、网络建设、上网应用的创新是手机网民增长的重要刺激因素。

当我们面对纷繁复杂的海量信息时，如何在有限的时间内，快速有效地寻找到自己需要、感兴趣的信息，并且在下次获取时能够更加方便快捷，个性化、定制化成为新的方向。广播从专业化时代的"窄播"跨向了定制化的"独播"，每一个用户手中的移动音频电台都是独一无二的，有着浓重个人收听印记的，每一次开启，都会自动指向用户惯于收听的节目类别或者特定节目。移动音频分享电台就在当前最大限度地实现着定制广播的目标，它依托于互联网，在 3G 网络盛行的时代已经出现，随着 4G 技术的发展进一步覆盖个人移动终端，提供个性化的音频节目、实现受众非线性收听的信息集合。

移动音频分享电台可以说是手机广播 2.0，它的出现基于移动互联网络与手机等智能移动终端的普及，因为具有内容多元化、听众分众化、制作平民化、传播碎片化、操作人性化、互动性强等特

① 第 36 次中国互联网络发展状况统计报告［OL］.［2015-07-02］. 中国互联网络信息中心：www.cnnic.cn/.

点而广受用户的欢迎。遗憾的是，如果说手机广播 1.0 时传统广播播出机构还是运行主体，在移动音频分享电台的建设中它们失去了主动，公司化的、私人移动电台如蜻蜓 FM、考拉 FM 等占据了明显的优势。一组 2014 年 6 月 12 日《中国媒体移动传播指数报告》中的数字很能说明这一情况：在广播频道移动传播百强中，45 家有独立音频分享 APP（智能手机第三方应用程序），在所有广播安卓版 APP 中除了浙江交通广播、成都交通广播和太原交通广播官方合作的 APP 产品"听说交通"总下载量超过 300 万以外，其他广播 App 下载量普遍较低，有的甚至只能以千计。而同样是移动音频分享电台，蜻蜓 FM 在 2013 年 10 月还是 3000 万，现已拥有 2 亿用户，有 1000 万日活跃用户；2013 年 2 月推出 IOS 客户端的喜马拉雅电台，用一年半的时间用户量飙升到 7000 多万；2013 年 6 月 8 日上线的考拉 FM 安卓版，2014 年 10 月注册用户也突破了 7000 万。

依据节目生产模式的不同，移动音频分享电台可以归为两大类，一类是专业生产内容为主的电台（PGC），主要包括传统电台的移动端应用，考拉 FM、懒人听书、蜻蜓 FM 等。这类电台的节目由专业机构和专业人员制作生产，通过电台自身发布、与电台授权合作、版权购买、专业人员自行录制等方式实现节目上传。其优点是依托传统广播电台多年发展的传播平台、节目运作成熟、有稳定的听众群体；在节目内容制作上，时效性强，尤其是重大新闻和体育赛事，可以实现第一时间现场直播；在节目类型上覆盖面广，资源丰富，音乐、交通、新闻、体育、民生等各种类型的节目几乎可以覆盖百姓生活的方方面面；最重要的是这类电台具备专业的制作团队，节目水准高，可以满足用户高标准的收听需求。随着移动音频分享电台厮杀的愈加激烈，蜻蜓 FM 等电台也进行了创新，除继续与传统广播合作外，增加了很多个性化的板块，加入了私人制作的节目，以满足不同用户的需求。另一类是用户生产内容为主的电台（PGC+UGC），如以"人人都是主播"为宣传口号的荔枝 FM、喜马拉雅电台、新浪窄播等。这类广播除了邀请专业团队制作节目外，大量依靠用户自制节目上传，平台更加开放和自由，开发主体更加多样化，在喜马拉雅电台上，用户自制节目占到所有内容的60%。移动音频分享电台具有可点播、可分享、开放等特质，一经推出就受到了广大用户的热捧。移动音频分享电台的节目打破了传统广播电台节目时间表的概念，大量节目分门别类聚集在移动应用端上，用户可以根据自己的兴趣、适合收听的时间点来安排点播节目，主动选择收听、自主操作，还可以下载离线收听，广播节目的制作方可利用大数据分析掌握用户对节目偏好需求，有针对性地对节目进行调整和挖掘，从而实现移动收听市场的良性互动。移动音频分享电台的另一个特质是分享，在每期节目的设置中都有"转发给朋友"、"转发到微博"、"一键分享到朋友圈"等功能，用户可以实现在微信、微博、社区论坛等各种社交平台上的轻松分享，广播节目也可以实现在这些社交平台上的多次传播。移动音频分享电台的终端不受时间、地域、收听条件限制，用户可以在这里收听到当地传统广播提供不了的节目，也可以制作上传自己的作品，平台更加开放，传播方式也更加便捷。不足的是，过多 UGC 产品虽然带来节目内容多样化，但也会出现节目质量良莠不齐造成用户收听不快的问题。

　　以喜马拉雅、考拉、蜻蜓等为代表的移动音频分享电台多成立于 2013 年左右，起初发展特点各不相同。比如蜻蜓 FM 以集合各大传统电台内容起家，喜马拉雅以有声读物见长，考拉拥有较多的主持人资源，PGC 内容做得比较好。但随着优势内容得到强化之后，这些电台都开始向综合性音频内容服务商发展。从下载量来看，截至 2015 年 3 月 31 日，蜻蜓 FM 累计下载量以 16713 万次位列第一；考拉 FM 电台以 13606 万次下载量位居第二；喜马拉雅FM 排在第三，下载量是 12290 万次。这三家是移动音频分享电台的第一梯队。TuneIn Radio、豆瓣 FM、多听 FM、荔枝 FM 累计下载量超过 5000 万，为第二梯队；凤凰 FM、优听电台、尚听 FM、酷 FM 则处于第三梯队，下载量不足 5000 万。图 5-3 是移动音频分享电台市场份额，位居第一梯度的蜻蜓、考拉、喜马拉雅总占比超过了 50%。

　　尽管国内移动音频分享电台看起来十分火爆，但从整体行业上

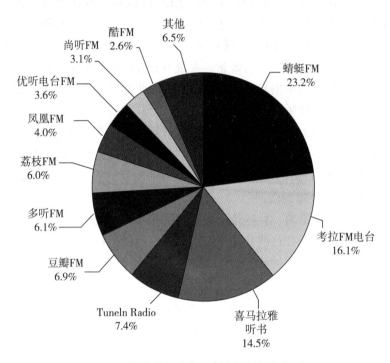

图 5-3 移动音频分享电台市场份额分布图

看仍处于发展初期，其盈利模式尚在探索之中，在几家发展得较好的移动音频分享电台中，仅蜻蜓 FM 公布了 2014 年年收入为 5000万元，考拉 FM 尚未开始商业化进程，但以精准广告和未来 O2O服务为主，荔枝 FM 还在探索电商模式。反观美国 700 亿元的网络有声市场，我国移动音频分享电台显然还有着巨大的发展潜力。

【案例】

蜻蜓 FM

蜻蜓 FM(iOS)于 2011 年 9 月 15 日正式上线，以电台聚合起步，生产 PGC 内容起家，有网页版、手机版、iPad 版等不同终端版本。目前聚合了全球 3000 家中文电台、全国 1000 家高校电台、1000 名合作明星、10000 名电台主播，对外公布约有 2 亿用户，1000 万日活跃用户。

蜻蜓 FM 的分类比较细致，从内容上分有新闻、体育、音乐、曲艺、经济、交通、都市、生活、文艺、旅游、外语、方言、综合十三个大类、从地域性质上分有本地台、国家台、省市台、网络台四个大类，满足不同用户的兴趣爱好，实现跨地域、个性化收听广播。蜻蜓 FM 主要打造了六大功能：一是选台便捷。通过定位功能、搜索、类型选择、地区选择，都可以快速找到想选择的电台。二是跨地域收听，无论身在何处，随时随地可以听遍天下广播。三是多种收听模式。当用户开车不方便调台时可以切换到车载模式，实现单手触控。当用户将手机放在口袋里行在路上时，可以通过轻按线控实现换台。四是定时睡眠与闹钟功能。设定好时间，躺在床上就可以听着广播入眠，不用再爬起来关闭程序，早晨起床，设定好的广播自动响起，可以充当闹钟的功能。五是支持 3G、4G 和 WIFI 网络环境。六是可以后台播放。

作为移动互联网络电台，蜻蜓 FM 还具有互动性强的特点，页面有详细的节目单和电台信息，可以让用户实时了解节目内容并制订收听计划，用户一边听广播节目，一边还可以与主播互动，参与讨论，优秀评论会被主播在节目中播出。

移动音频分享电台间的竞争十分激烈，除抓住了用户群体外，内容才是所有电台争夺的焦点。2015 年春季，蜻蜓 FM 启动了 PUGC 战略，即专业内容生产+用户内容生产模式，它们邀请了传统的电台主持人，专业的声音玩家，以及自媒体 KOL 专门为在线制作内容，同时确立清晰版权与商业合作模式。4 月 24 日，蜻蜓 FM 上线全新主播平台，接受专业主播报名。在内容制作、版权权益和商业分成上，多管齐下探索 PUGC 新形态，达成了大量业内专业主播的优质节目内容合作。

五、车载网络电台

车载网络电台是移动音频分享平台在车联网时代的新形态，汽车是一个非常适合"听"的环境，传统车载电台节目受时段、广告等限制，用户收听的选择不多，基于移动设备、车联网、可穿戴设备的车载电台系统的出现满足了用户对海量节目内容的需求。不论是通过与汽车厂商合作事先内置于汽车之中的汽车电台系统，还是通过智能手机等移动互联网设备提供节目的汽车电台，都为移动人群提供了丰富的信息。在美国，目前已有几十款汽车安装了网络收音机应用，如宝马、福特、林肯、奔驰、别克、雪佛兰和现代等。据美国皮尤研究中心 2014 年美国新闻业年度报告显示，在汽车中收听网络电台的用户日渐普遍，从调查可以看到，大约有 35% 的受访美国成年人有在汽车中收听网络电台的习惯，而在 2013 年和 2010 年的调查中，这一比例仅为 21% 和 6%。根据美国调查机构 IHS 的数据，2012 年有 160 万辆汽车整合了网络电台。到 2019 年，这一数字预计将达到 924 万辆。

在我国，车联网也成为移动音频提供者们重点拓展的领域。相比之下，传统电台早已被这些互联网出身的电台们远远甩在了身后，在车载网络电台的所有者中已看不到传统电台机构的身影。目前来看，车载网络电台基本通过两种形式实现：一是与汽车厂商合作预装进车或者进行后装；二是通过自建硬件与手机 APP 同步播放。比如在移动音频平台做得风生水起的蜻蜓 FM、喜马拉雅、多听 FM 等都开始了与汽车厂商的合作。蜻蜓 FM 已经和包括福特、沃尔沃、宝马、奥迪等品牌在内的超过 50 家整车厂和 TSP 厂商开展合作，据称 APP 预装量达到了 300 万。2015 年，蜻蜓 FM 瞄准了车载后装市场，涵盖了"传统的车机，OBD 产品，后视镜"等车内联网智能硬件终端。到 2015 年年底，超过 500 万台设备终端可以收听蜻蜓 FM。移动音频平台喜马拉雅则不甘落后，在 2015 年砸下重金投入硬件，在与汽车厂商合作预装进车和自建硬件与手机 APP 同步音频播放两个方面同步推进，推出了通过汽车点烟器驱动的"随车听"。考拉 FM 也开发过类似的智能音箱产品，QQ 音乐也将与福特汽车合作，内置内容资源等。

车载网络电台在操作上充分考虑了行车过程中的特定场景，基本使用点烟器驱动，一键切换，单手切换，根据用户收听习惯推送播放音频内容等，同时克服了传统车内电台广告众多的扰人问题，在细节上完善用户体验。不过，车载网络电台的接入方式依然成为制约其发展的一道障碍，例如，车载点烟器作为车内唯一的应用接口，在使用上可能存在冲突，而通过汽车预置 APP 应用方式，则受限于汽车厂商更新换代的低频次，推广速度十分缓慢。

【案例】

多听 FM"车听宝"

作为多听 FM 开发的第二代车载音频智能硬件产品，"车听宝"是一款以手机为中介的音乐车载智能硬件，它最大的特点就是，在不需要消耗移动流量的前提下，让用户在开车途中方便收听上千家优质主播的电台节目。它是一款类似于 U 盘的小设备，在使用时，用户需要首先在手机上下载多听 APP 应用，然后将该设备插在点烟器或车载原厂音响的 USB 接口上，以无线 WIFI 技术形成内网连接，即可实现互联网音乐和节目的收听。由于是通过硬件进入车内音乐，所以多听的盈利模式来自两个方面：一方面是在销售渠道上，将车听宝以 199 元的价格卖给车主；另一方面则是对接企业客户。

目前，按照内容划分，电台类产品包括纯 PGC（专业生产内容）和 PGC+UGC（用户生产内容）两大阵营：一阵营包括网易云音乐、考拉 FM 等；另一阵营以喜马拉雅电台和荔枝 FM 等为主，而多听属于后一种。和其他网络电台遇到的瓶颈一样，多听 FM 车听宝同样面临着如何争夺优质、独家的内容资源，如何避免内容制作上的版权争议等问题。为了避免同质化，买断独家版权或将成为内容差异化的一个重要手段。而当独家成为竞争砝码，版权费用必将水涨船高，视频网站的版权大战很有可能在网络电台中重现，而烧钱则成为寡头格局形成的唯一路径。目前多听 FM 平台正在最大化地吸引优质主播入驻，这也成为决定"车听宝"能走多远的关键因素。而可以预见的是，车载网络电台的发展在初期必然也要经历先烧钱再盈利的寂寞期。

当我们用"新广播"来定义网络广播、手机广播、微电台等广播形态时，"广播"的概念已经日益模糊，它更像一个"互动式数字化复合媒体"。现代信息技术消解着广播、电视、报纸等传统媒介之间的边界，消解着信息提供者和接收者之间的边界，消解着传统广播的使用方式。

媒介融合带来了广播传播信息的重新组合，广播不再只进行声音内容的设计和生产，还必须将网站、手机、电视等媒体特性和内容加以考虑，使之成为一个具有通用性的内容生产平台。广播在这个平台上用最全面的多媒体手段通过网站和手机等载体，完成采集并组合加工成信息内容，听广播、看广播、读广播在融媒体时代实现统一。

数字化、网络化形成的多媒体服务平台上，广播不再是传统的广播节目的提供者，还是多媒体综合服务的提供者，并使广播突破行业边界与整个现代服务业相结合成为一个综合信息服务平台。

第三节　新技术与广播经营模式的更新

按照传统的划分方法，广播系统由行政、宣传、技术三大块构成，技术是支持系统。广播在新技术推动下，正在更新换代，焕发生机，同时其经营模式也需要随之更新。新技术条件下，广播在发送、传输和接收信息的方式上是一种全新的系统，传输过程中没有信号损失，信号质量高，抗干扰能力强，为广播提供了更多的播放渠道，使广播通过在不同渠道播放的过程中，降低了成本，获得了更大的收益。2011 年涵盖电脑、手机、电视三大类终端的全媒体——网络广播电视台在国内相继成立；包括中国之声在内的 28 个省市的 196 家电台入驻新浪"微电台"；3G、4G 技术为广播带来新的利益增长点，为广播带来更多的移动受众——这是新媒介环境下最具重要价值的广播受众群体。① 数据显示，2013 年手机阅读用户规模超过 2.47 亿人。总体来说，随着技术的推动，广播收听市场由移动收听取代居家收听，广播听众(用户)的年龄结构呈现年轻化，收听行为碎片化、伴随化，资讯获取多媒体化、快捷化，广播媒体消费泛电台化、音频化，收听终端智能移动化、车载移动化等特点。在使用车载、智能终端收听广播的人群中，90% 是非职业司机，而在非职业司机的收听群体中，又以公司职员、国家企事业单位工作人员、专业技术人员为主体，这个群体正是广播移动收听的精英群体，移动收听市场的受众价值将促进整个广播媒体价值的提升。

随着新技术的推动，广播的产业结构、竞争格局、传播和接收方式、受众结构、节目形式、生产方式、服务方式和广播需求等都发生了变化，也使新的问题凸显，比如同质化、不规范经营问题困扰新广播的进一步发展，新媒体之间的激烈竞争、广播媒体与移动运营商之间的争夺，盈利模式的缺乏、产业链的局限等，对广播经营模式提出了新的要求：

开发新的节目形式和服务形式，开展有针对性的经营。如 2011 年 8 月 23 日，中央人民广播电台和中国电信共同打造了天翼阅读有声版。在手机视频业务上，截至 2011 年 6 月，央广手机台已拥有 105 万包月收费用户、100 万免费用户，国内第一份有声手机报《新闻报纸摘要》手机报和中广财经手机报的日总发行量已超过 30 万份。②

整合资源，延伸产业链。广播的多媒体融合，使传统媒体与网络、移动终端等资源的结合，将广播内容进行多次开发，因此，突破旧有的产业模式，延伸产业链条是重要的战略。比如对于手机广播，不能满足于服务提供商(SP)与运营商的合作模式，而应该对产业链上的各个环节做长远打算，广电与信息产业部门进行合作，

---

① 李秀磊. 经营广播[M]. 北京：北京大学出版社，2010：107.

② 中央人民广播电台积极推进新媒体发展[N]. 中国广播报，2011-06-08.

推进移动运营商、内容提供商、手机厂商、软件开发商等各个环节的广泛合作。广播将可以从多个媒介市场获得利益，对广播经营的市场风险进行化解。新媒体业务与传统广告业务应该形成更加有效的互动，从而在媒体经营上实现差值增量，推动广播品牌从传统媒体品牌向多媒体品牌延伸。

建立适合新媒体的盈利模式。手机广播拥有旧有盈利模式的便利，而网络广播的盈利模式则一直较为模糊，移动音频分享电台群雄逐鹿，移动互联网络时代需要的是更强大的前期资金投入和技术支撑，其中多是互联网大佬们的身影，传统电台已经被甩在身后，也不乏昙花一现或艰难维持的个体创业者，原因在于没有既定的盈利模式，无序竞争，缺乏政策的规范和支持。因此，新技术条件下新广播的发展需要探索和建立适合的盈利模式，规范经营，寻求积极的政策支持。

保持技术领先。纵观国内外媒体发展，优秀的广播电视媒体始终对新技术孜孜以求。在由行政、宣传、技术三大块构成的广播系统中，技术是支持系统，在新广播的经营模式中，加大对技术的投入和开发不再是可有可无的辅助系统，相反地在当代，保持技术领先已经成为一项非常重要的竞争战略。哈佛大学教授迈克尔·波特在他的专著《竞争优势》中写道："在所有能够改变竞争规则的因素中，技术革新属于最显著的一个因素。技术革新是竞争的主要驱动力之一，在产业结构变化及新兴产业创造方面发挥着重大作用。"[1]在加大技术投入的基础上，要加大对新技术人才、新型复合人才的培养力度，因为再好的技术仍然需要懂技术的人才能得到很好的运用。

广播电视产业和网络技术都处于全世界领先地位的美国一直重视新技术应用方面的研究探索。当国内广播界仍将互联网新技术看做对传统媒体的冲击和挑战时，美国学界和业界却从中看到了机遇，积极研究新技术在广播领域的运用。比如在美国的新闻学院中有著名 IT 公司赞助的实验室，专门研究和实践各种新技术在广播、

---

① ［美］迈克尔·波特. 竞争优势［M］. 北京：华夏出版社，2005：163.

电视中的应用，然后以此为基础开发新的媒体类软件。在著名的麻省理工学院，也建立了一个叫做"未来新闻学"的实验室。同样，作为世界上最知名、历史最悠久的广播电台，英国广播公司 BBC 之所以能在数次媒体竞争中保持长盛不衰，秘诀之一也在于对新技术的运用保持着主动。在网络时代来临之初，1991 年，BBC 就在互联网上注册了 BBC 的域名 www.bbc.co.uk。2007 年 12 月 25 日，BBC 发布了 Iplayer 播放器。利用 Iplayer 播放器，用户不但能够在线实时收听、收看 BBC 的广播电视节目，还能通过播放器直接检索自己需要的 BBC 的节目，节目首播 1 周之后，用户还可以直接下载 BBC 广播台、电视台、网站上的所有音频、视频，并使用收音机、电视机、电脑、手机或者其他移动终端观看。2008 年，iPlayer 实现音视频内容与 Wii15 游戏的整合，并通过 WiFi 的连接实现在 iPhone 和 iPod Touch 上获取节目。iPlayer 尝试建立起传统的广播节目与新媒体的对接通道，使青少年未来在媒介接触上，特别是在对广播声音传播紧密接触上存在可能性。BBC 通过从技术上实现全媒体，融合包括广播、电视、网站、移动终端等在内的多种传播渠道，将新媒体的优势全面吸收到广播中。

　　寻找下一个发展目标。今天，技术的更新换代日新月异，新广播媒体的经营要时刻保持敏锐的触角，时刻关注新的技术形态和发展热点，寻找下一个发展目标，并成为领先进入者。建立一个长期研究和追踪广电新技术机制十分重要，保持对传媒业发达国家的关注，追踪调研受众需求，根据需求进行新技术新业务的研发。比如电台与微博的合作，最先意识到微博的作用，并进驻微博、微电台的广播媒体抢占了先机，在网络上形成了新的影响力。比如电台与移动音频分享平台的合作，让传统电台找到新的突破点。那么，在技术产品快速迭代的今天，谁能抓住广播的下一个发展目标，谁就将占据主动。

结语：走向多元与融合的广播

　　进入 21 世纪以后，中国社会逐渐进入一个多元竞争，多样统一的社会，社会"分层形态、分层秩序和分层机制稳固下来，使个人和群体在社会分层中的位置确定下来，使人们的地位变化遵循一定的渠道和规则"①。广播这一传统媒体也随之发生着变迁，这种变迁过程呈现的特点多元而丰富，有一个共同的指向，就是融合。有形态上的，如广播与手机、网络等新媒体的融合，手机广播、微电台、网络广播等；有结构上的，如各种类型的各地广播电台之间的联盟；有功能上的，如起社会整合功能的社区广播、新闻广播等。在中国社会变迁的历史进程中，广播与社会发展始终保持着互动，今天，在媒体竞争中依然处于弱势地位的广播，已经显示出其作为社会塑成型媒体的优势与特性，这也许将成为广播今后发展的方向和契机。广播不应仅传递信息，还应是社会各阶层利益表达的渠道，是促进冲突与问题解决，实现各方沟通与协调的工具。

　　第一，作为碎片化社会沟通工具的广播。社会分化程度是衡量社会系统发展程度的重要标志，一个多层分化的社会较之以往的总体性社会无疑是一种巨大的进步。然而分化也潜伏着危险：在从社会经济领域的分化到社会阶层的分化中，在调动社会成员积极性和创造力的同时，社会各组成部分之间的分裂、冲突和矛盾进一步凸显，如果不加整合终将引致一个分裂的社会。因此，社会系统各个阶层和各组成部分之间的联系应该是有机的、和谐的，不是简单相加，更不是分离和冲突，社会需要整合。在社会整合的过程中传播具有决定意义。

---

　　①　李春玲. 断裂与碎片[M]. 北京：社会科学文献出版社，2005：558.

　　传播将分散的个人联系起来，形成有一定秩序的丰富多彩的社会；传播为社会成员营造共通的文化氛围，提供共同的价值观念和统一的行为规范，传播显示出明显的社会整合作用。"传播的社会整合作用对于传播活动自身来说，是一个显著的功能。而对于社会来说又是一种不可缺少的力量。是传播实现了人们的联合，形成了社会群体和社会组织，又是传播保证了社会群体与组织的延续。所以，我们认为，没有传播，没有传播对社会的整合，也就没有社会的存在和发展。"①这里的传播是一个宽泛的概念，从充当社会整合工具，构建社会纽带的角度来说，只有大众传媒可以担此重任。正是大众传媒通过人们共同经历的某个事件将社会联结到一起，"这些媒介事件证实的是一种共同的身份与认同。它们使受众以一种理想化的方式来看待其所处的社会，其所宣扬的是一种共同的价值观、记忆或体验"②。

　　随着"非典"的爆发，汶川特大地震、舟曲泥石流等重大突发灾害事件的发生，广播所具有的伴随性强、传播速度快、接受方便、容易到达等其他媒体不能比拟的优势，使之成为突发事件中最有力的媒体。不仅让身处事件中心的人们得到及时准确的信息，消除心中的疑惑和恐惧，而且让全国人民在同一时空下共同关注、感同身受，树立共度时艰、上下一心的信念，一次又一次地展现了广播对集体性的自我实现、协调、社会整合与认同的巨大功能。

　　第二，作为社会知情权保障的广播。"一个健全、运转灵活通畅的社会，通常是新闻信息自由流通、社会透明度高、信息不对称现象较少、有利于社会经济的发展和社会成员认同程度提高的社会。"③"新闻信息自由流通、社会透明度高、信息不对称现象较少"的基础在于社会主体知情权的实现，这是整合社会正常有效运转的前提。人们对社会生活各方面信息的获取主要是通过大众传媒

---

　　①　杨善民．传播在社会整合中的作用探析[J]．文史哲，1998(1)．

　　②　[英]詹姆斯·卡伦．媒体与权力[M]．史安斌，董关鹏，译．北京：清华大学出版社，2006：175.

　　③　赵路平等．和谐社会中的媒介角色构建[J]．传媒观察，2005(4)．

实现的，因为"大众传播是社会的耳目。它为社会提供做出决断的途径；它为社会提供认识自身的具体声音。它是传达社会价值的主要源泉"①。大众传媒通过客观公正地报道社会环境变动，构建社会公共领域，完善社会信息公开透明、社会预警等机制，来保障公民知情权的实现。今天，广播新闻频率的"王者回归"恰恰反映了大众媒体对受众知情权的实现和保障，新闻评论取代新闻报道本身成为各大广播电台新闻频率主打的重头戏，并且已经成为听众最喜欢收听的广播节目之一。这些现象足以说明在海量信息时代，在鱼目混珠、鱼龙混杂的信息环境中，如何获知信息背后的品质与真实，如何通过媒体获得判断的依据，成为大众媒体的责任和受众的迫切需求。

第三，作为社会公共领域平台的广播。在一个有机联系、和谐发展的社会里，社会公平、正义必须得到维护，其关键在于社会各阶层的利益能够得到充分表达，大众传媒是构建这种表达机制的不可或缺的组成。"新闻传媒既是公共领域的重要组成部分，又是公共领域的一种内在机制；它既是报道公共事务和公共政策的信息平台，又是人们对公共事务批评和评价的舆论平台。"②哈贝马斯在对公共领域的阐述中提到："私人领域是指由市场对生产过程加以调节的经济子系统，而公共领域则是由各种非官方的组织或机构构成的私人有机体，包括团体、俱乐部、党派、沙龙、报刊、出版等，属于社会文化领域，为人们提供讨论和争论相关公共事务的场所。"③在当今中国，构建社会公共领域对社会各阶层，特别是弱势群体的利益表达尤为重要。这种利益表达空间不是分裂的、冲突的，而是调解的、整合的，使社会成为一个和谐统一的组织结构。

按照美国社会学家勒纳(Daniel Lerner)的表述："媒介使用率

---

① ［美］沃纳·赛佛林，小詹姆斯·坦卡德. 传播理论：起源，方法与应用［M］. 郭镇之等，译. 北京：华夏出版社，2000：4.

② 林志力. 新闻传媒在建构和谐社会中的历史使命［J］. 新闻与写作，2005(4).

③ 转引自陈卫星. 传播的观念［M］. 北京：人民出版社，2004：342.

增加后，人们在经济与政治方面的参与程度随即扩大。"①新闻广播的崛起一方面培养了受众对经济、政治、社会生活的参与习惯与思考能力，另一方面也表明了受众参与政治、经济、文化等重要领域的能力和水平提高。正如勒纳(Daniel Lerner)的观点所述，这本身就是现代性的体现："各地都市化程度提升后，均能提高其人民的识字率；人民的识字率提高后，其媒介使用率便会增加。"②这里所说的现代性包括几个要点：无限进步的时间观念；民族国家的形成及其组织机制与效率问题；以人的价值为本位的自由、民主、平等、正义等观念。按照哈贝马斯公共领域理论，纯新闻广播这种广播类型的崛起实际上提供了一种公共领域，通过电台与受众间，电台与嘉宾(包括官员、专家、学者等)间，嘉宾与受众间密切而频繁的沟通与互动，构建了可广泛参与，自由表达的公共空间，通过对社会政治、经济等重要领域的思考，推进自由、民主、平等、正义等观念的形成。

在广播社会功能变化过程中，呈现出多元发展的图景：形态上，如广播与手机、网络等新媒体的融合，衍生出手机广播、微电台、网络广播等社交型广播；结构上，如各种类型的各地广播电台之间的联盟；功能上，如起社会整合功能的社区广播、新闻广播等。

社交型广播与新技术融合而成。按照维基百科对社交型媒体(social media)的定义：它是一种用于社会交往，可得便利、可扩展性强的传播媒体。在社交型媒体这个基于网络技术的高度互动的平台上，个人和组织进行信息撰写、发布、分享、讨论、修改等，通过信息互动式传播，社交型媒体使公众从信息消费者转变为信息制造者，推动了知识与信息的民主化进程。网络广播、手机广播、微电台等新广播形态已经具备社交型广播的基本特征，排除经济因

---

① 转引自［美］威尔伯·施拉姆. 人类传播史［M］. 游梓翔，吴韵仪，译. 台北：台湾远流出版公司，1994：478.

② 转引自［美］威尔伯·施拉姆. 人类传播史［M］. 游梓翔，吴韵仪，译. 台北：台湾远流出版公司，1994：478.

素考虑，社交型和互动型广播的出现极大地实现了传播者、接收者、旁观者或参与者的媒体接近权，"互动"和"社会参与"成为显著特征，这也是网络与广播、手机移动媒介与广播能迅速融合的原因之一。新媒介对社会各阶层所具有的"绕过"现存制度化渠道的潜力，为大多数人带来了机会，降低了他们对各种垄断性信息和影响来源的依赖，成为一种新的平衡器。

例如，基于新浪微博建立的微电台是电台与微博的结合，用户可以在收听广播的同时通过140字的微博留言与主持人互动，提供信息、发表观点、参与制作广播节目。曾经的受众在收集、报道、分析和传播信息资讯时扮演了越来越主动的角色。在互联网宣扬的平等意识被普遍接受的Web时代，网络广播、手机广播、微电台等社交型和互动型广播借助网络传播的对等性颠覆了传播者居高临下的传播地位，受众地位由同步被动式的"接收"向异步主动式的"选择"转变。自主地选择"在线收听"或"下载收听"，尤其是用户自制（UGC）形式的出现，使随意组合自身需求的信息产品成为网络广播的突出特征。而"消费者即生产者"和"用户创造内容（UGC）"正是社交型媒体的核心理念。

广播联盟整合受众资源。从自身单打独斗走向联合发展，横向联盟、纵向联盟、混合联盟，通过广播联盟的聚合作用，广播电台之间形成信息交流、节目交换、资源共享的网络平台，其内容提供能力、公信力和品牌影响力得以提升。这些广播联盟以或松散或紧密的合作方式，取长补短、资源共享，将碎片化社会分散的受众群体重组整合起来，满足整合型社会的发展需要。比如2006年成立的中部六省广播联盟，是在国家提出中部崛起战略后，由位于中部的湖北、湖南、江西、安徽、山西、河南六省的省级广播电台自发组成的广播联盟形式。中部六省广播联盟每年在全国或区域性的重大事件如全国两会、中博会期间，共同组织采访、直播、论坛等多种合作，搭建起一个有3亿听众的大平台，突破广播区域媒体的限制，在一定程度上对促进中部六省经济合作、融合起到了减速器的作用。但是这种联盟缺乏严密的组织形式，概念层面的合作多，实质层面的合作难以持续和深入，容易陷入简单重复，内容、形式、语态上缺乏创新和联合。

社群广播将成为新的社会塑成型媒体。社群将成为今后社会发展的重要单元，定位社群的广播将成为社会整合的有力工具。从受众来看，社群广播是针对某一特定社群受众的广播，它的对象不是个体，而是一个群体。它有着特定区域范围，大到一座城市，小到一个街道、一个村庄、一个企业、一个学校等。社群广播的受众至少拥有一种明显的社会或文化特征，拥有共同的居住社区空间，同时也是社区的成员。作为团体或公众的受众具有相当的同质化，共同的特征与组成的稳定性，尽管高度商业化垄断媒介正阻碍受众成为"团体"或者"公众"，但地方与社群广播的成长却有利地证明着此类受众的形成。社群广播节目内容和传播方式体现社区文化特征，注重信息本地化，有强烈的地域性特点。节目内容侧重为社区经济发展、社会进步、群众生活服务，传播方式为本社区群众喜闻乐见，社群广播不仅仅限于反映现有社区文化形态，还积极参与丰富社区文化的建设，营造和形成新的社区文化。社群广播的一个突出特点就是，节目的互动参与性强，参与者互相间有群体认同，易于沟通。

总体来看，我国社群广播发展滞后于整合阶段的需求，起步较晚，发展较慢，有相当一部分社区广播仅仅是省市县电台的一个社群直播间，虽具备社群广播的一些特征，但仍非真正意义上的社群广播。这类广播的代表如 2005 年 3 月 1 日开播的北京人民广播电台城市管理广播。城市管理广播立足本地新闻，注重居民参与，每天播音 20.5 小时。通过成立城管广播社区信息员队伍，深入社区，举办"魅力社区评选"等活动，促进居民对社区的了解、认同，调动居民参与社区建设的积极性，增强社区的凝聚力。

中国现行的广播业是从一个行政总揽的起点开始的，当社会转型继续深化，思考未来中国广播发展的路径时，公共广播与商业广播双轨并行发展似乎理性可行。广播作为大众媒介，应该逐步从行政体制的架构中脱离出来，最终成为一个独立的专业化的媒体行业，在法律的框架下，逐步实现公共广播与商业广播的双轨制。单一类型或单一模式的广播理念与实践不仅是过时的，而且是危险的，公共广播的引入有助于推动整个社会的平衡、和谐发展，发挥广播作为社会公器的作用，构筑出社会公共领域。中国当代的公共广播作为一种制度，必须与整个社会现代化、民主化、法制化进程相适应，共同前行。

参 考 文 献

一、中文著作

1. 白玲，申启武. 从"珠江模式"到跨越式发展：广东广播改革开放 30 年历史回顾［M］. 广州：暨南大学出版社，2008.

2. 蔡明哲. 社会发展理论——人性与乡村发展取向［M］. 台北：台湾巨流图书公司，1987.

3. 曹璐. 广播新闻理念与实务创新研究［M］. 北京：中国广播电视出版社，2007.

4. 曹璐. 解读广播［M］. 北京：北京广播学院出版社，2004.

5. 陈卫星. 传播的观念［M］. 北京：人民出版社，2004.

6. 陈卫星. 网络传播与社会发展. 北京：北京广播学院出版社，2001.

7. 崔保国. 中国传媒产业发展报告（2004—2005 年）［M］. 北京：社会科学文献出版社，2005.

8. 崔保国. 中国传媒产业发展报告（2006 年）［M］. 北京：社会科学文献出版社，2006.

9. 崔保国. 中国传媒产业发展报告（2007—2008 年）［M］. 北京：社会科学文献出版社，2008.

10. 崔保国. 中国传媒产业发展报告（2009 年）［M］. 北京：社会科学文献出版社，2009.

11. 崔保国. 中国传媒产业发展报告（2010 年）［M］. 北京：社会科学文献出版社，2010.

12. 崔保国. 中国传媒产业发展报告（2011 年）［M］. 北京：社会科学文献出版社，2011.

13. 邓忻忻，黄京华. 广播频率专业化研究［M］. 北京：中国传媒大学出版社，2005.

14. 邓忻忻，李兴因. 网络传播与新闻媒体［M］. 北京：北京广播学院出版社，2001.

15. 邓忻忻. 动力与困窘——中国广播体制改革研究［M］. 北京：中国经济出版社，2006.

16. 丁俊杰，黄升民. 中国广播产业报告——产业发展与经营管理创新［M］. 北京：中国传媒大学出版社，2005.

17. 丁俊杰. 寻找广播的榜样：北京音乐广播十年历程的理论关注［M］. 北京：北京广播学院出版社，2003.

18. 傅珊珊. 广播节目运营实务［M］. 北京：新华出版社，2008.

19. 何光. 中国城市广播新闻改革理论与实践［M］. 北京：中国广播电视出版社，1996.

20. 胡正荣，曹璐，雷跃提. 广播的创新与发展［M］. 北京：北京广播学院出版社，2004.

21. 胡正荣. 传播学总论［M］. 北京：北京广播学院出版社，1997.

22. 胡正荣. 中国广播电视发展战略［M］. 北京：北京广播学院出版社，2003.

23. 黄升民等. 中国传媒市场大变局［M］. 北京：中信出版社，2003.

24. 黄新生. 媒介批评［M］. 台北：台湾五南图书出版公司，1987.

25. 黄学平. 中国广播研究报告（2008—2009 年）［M］. 北京：中国传媒大学出版社，2009.

26. 黄学平. 中国广播研究报告（2009—2010 年）［M］. 北京：中国传媒大学出版社，2010.

27. 黄学平. 中国广播研究报告（2010—2011 年）［M］. 北京：中国传媒大学出版社，2011.

28. 金冠军，郑涵，孙绍谊. 国际传媒政策新视野［M］. 上海：

上海三联书店，2005.

29. 郎劲松. 中国新闻政策体系研究［M］. 北京：新华出版社，2003.

30. 雷广星. 横空出世：广播"珠江模式"的理论与实践［M］. 北京：中国广播电视出版社，1999.

31. 李春玲. 断裂与碎片［M］. 北京：社会科学文献出版社，2005.

32. 李建刚. 技术变革与广播媒介转型［M］. 北京：中国传媒大学出版社，2011.

33. 李培林，李强，孙立平等. 中国社会分层［M］. 北京：社会科学文献出版社，2004.

34. 李强. 社会转型时期的中国社会分层结构［M］. 哈尔滨：黑龙江人民出版社，2002.

35. 李秀磊. 经营广播［M］. 北京：北京大学出版社，2010.

36. 凌昊莹. 广播经营战略研究［M］. 北京：中国传媒大学出版社，2009.

37. 陆地. 中国电视产业发展战略研究［M］. 北京：新华出版社，1999.

38. 欧阳国忠. 中国媒体大转折［M］. 北京：团结出版社，2003.

39. 潘力，董晓平. 现代传播新技术与广播发展［M］. 北京：中国传媒大学出版社，2006.

40. 潘力，秦晓天. 中国交通广播［M］. 北京：中国传媒大学出版社，2005.

41. 彭兰. 网络传播概论［M］. 北京：中国人民大学出版社，2001.

42. 宋友权. 中国广播受众学［M］. 北京：中国广播电视出版社，1998.

43. 孙立平. 博弈：断裂社会的利益冲突与和谐［M］. 北京：社会科学文献出版社，2006.

44. 孙立平. 断裂：20 世纪 90 年代以来的中国社会［M］. 北

京：社会科学文献出版社，2003.

45. 孙立平. 失衡，断裂社会的运作逻辑[M]. 北京：社会科学文献出版社，2004.

46. 孙立平. 转型与断裂[M]. 北京：清华大学出版社，2004.

47. 孙立平. 现代化与社会转型[M]. 北京：北京大学出版社，2005.

48. 谭天等. 港澳台广播电视[M]. 广州：暨南大学出版社，2010.

49. 汪天云. 电视社会学研究[M]. 上海：上海三联书店，1998.

50. 王兰柱. 中国广播收听年鉴[M]. 北京：中国传媒大学出版社，2005.

51. 王兰柱. 中国广播收听年鉴[M]. 北京：中国传媒大学出版社，2006.

52. 王兰柱. 中国广播收听年鉴[M]. 北京：中国传媒大学出版社，2007.

53. 王兰柱. 中国广播收听年鉴[M]. 北京：中国传媒大学出版社，2008.

54. 王兰柱. 中国广播收听年鉴[M]. 北京：中国传媒大学出版社，2009.

55. 王兰柱. 中国广播收听年鉴[M]. 北京：中国传媒大学出版社，2010.

56. 王兰柱. 中国广播收听年鉴[M]. 北京：中国传媒大学出版社，2010.

57. 王兰柱. 中国广播收听年鉴[M]. 北京：中国传媒大学出版社，2011.

58. 陈若愚. 中国广播收听年鉴[M]. 北京：中国传媒大学出版社，2012.

59. 陈若愚. 中国广播收听年鉴[M]. 北京：中国传媒大学出版社，2013.

60. 陈若愚. 中国广播收听年鉴[M]. 北京：中国传媒大学出

版社，2014.

61. 吴廷俊. 中国新闻传播史［M］. 上海：复旦大学出版社，2011.

62. 吴信训，金冠军. 中国传媒经济研究 1949—2004［M］. 上海：复旦大学出版社，2004.

63. 吴有训. 世界大众传播新潮［M］. 成都：四川人民出版社，1994.

64. 徐弘. 超越：北京交通广播解析［M］. 北京：北京大学出版社，2003.

65. 杨步国，张金海. 整合：集团化背景下报业广告经营［M］. 武汉：武汉大学出版社，2005.

66. 俞虹. 电视受众社会阶层研究［M］. 北京：北京师范大学出版社，2010.

67. 喻国明. 传媒变革力，传媒转型的行动路线图［M］. 广州：南方日报出版社，2009.

68. 喻国明. 传媒新视界：中国传媒发展前沿探讨［M］. 北京：新华出版社，2011.

69. 喻国明. 拐点中的传媒抉择［M］. 北京：经济日报出版社，2007.

70. 喻国明. 解析传媒变局［M］. 广州：南方日报出版社，2002.

71. 喻国明. 媒介的市场定位——一个传播学者的实证研究［M］. 北京：北京广播学院出版社，2000.

72. 袁方. 社会学家的眼光——中国社会结构转型［M］. 北京：中国社会出版社，1998.

73. 张采. 日本广播概观［M］. 北京：中国广播电视出版社，2001.

74. 张国良. 传播学原理［M］. 上海：复旦大学出版社，1995.

75. 张国良. 新媒介与社会变革［M］. 上海：上海人民出版社，2009.

76. 张勉之. 世界广播趋势［M］. 北京：中国广播电视出版

社，2005．

77．赵多佳，边建．论广播专业化——专业化办台的实战与思考[M]．北京：中国广播电视出版社，2002．

78．赵多佳，许秀玲．内容 受众 传播——广播专业化概论[M]．北京：中国国际广播出版社，2008．

79．赵玉明．中国广播电视通史[M]．北京：北京广播学院出版社，2004．

80．钟瑛，余红．传播科技与社会[M]．武汉：华中科技大学出版社，2006．

81．中国广播电视年鉴[M]．北京：中国广播电视年鉴出版社，1986—2011．

82．中国广告年鉴[M]．北京：新华出版社，2004—2011．

83．中国新闻年鉴[M]．北京：中国新闻年鉴社，1998．

84．国家广播电影电视总局发展改革研究中心．中国广播电影电视发展报告2009[M]．北京：社会科学文献出版社，2009．

85．国家广播电影电视总局发展改革研究中心．中国广播电影电视发展报告2010[M]．北京：社会科学文献出版社，2010．

86．国家广播电影电视总局发展改革研究中心．中国广播电影电视发展报告2011[M]．北京：社会科学文献出版社，2011．

87．国家广电总局人事教育司、法规司．广播电视法规选编[M]．北京：北京广播学院出版社，2003．

二、译著

1．[美]Andrew Crisell．广播概论[M]．赵庭辉，译．台北：台湾亚太图书出版社，2002．

2．[美]E. A. 罗斯．社会控制[M]．秦志勇，译．北京：华夏出版社，1989．

3．[美]N. 维纳．人有人的用处：控制论与社会[M]．陈步，译．北京：商务印书馆，2009．

4．[美]N. 维纳．控制论：或关于在动物和机器中控制和通信的科学[M]．郝季仁，译．北京：科学出版社，2009．

5. [美]W. 兰斯·班尼特. 新闻：政治的幻象[M]. 杨晚红，王家全，译. 北京：当代中国出版社，2005.

6. [美]阿尔文·托夫勒. 第三次浪潮[M]. 北京：中信出版社，2006.

7. [美]阿列克斯·英格尔斯. 从传统人到现代人——六个发展中国家的个人变化[M]. 顾听，译. 北京：中国人民大学出版社，1992.

8. [加]埃里克·麦克卢汉，弗兰克·秦格龙. 麦克卢汉精粹[M]. 何道宽，译. 南京：南京大学出版社，2000.

9. [法]埃米尔·杜尔克姆. 社会学研究方法论[M]. 胡伟，译. 北京：华夏出版社，1988.

10. [英]安东尼·吉登斯. 现代性与自我认同[M]. 北京：三联书店，1998.

11. [美]保罗·A. 萨缪尔森，威廉·D. 诺德豪斯. 经济学（上）[M]. 北京：中国发展出版社，1992.

12. [美]保罗·利文森. 数字麦克卢汉[M]. 何道宽，译. 北京：社会科学文献出版社，2001.

13. [美]彼德斯. 交流的无奈——思想传播史[M]. 何道宽，译. 北京：华夏出版社，2004.

14. [美]丹尼尔·杰·切特罗姆. 传播媒介与美国人的思想[M]. 曹静生，黄艾禾，译. 北京：中国广播电视出版社，1991.

15. [英]丹尼斯·麦奎尔. 受众分析[M]. 刘燕南，李颖，杨振荣，译. 北京：中国人民大学出版社，2006.

16. [英]丹尼斯·麦奎尔. 麦奎尔大众传播理论[M]. 崔保国，李琨，译. 北京：清华大学出版社，2006.

17. [美]道格拉斯·凯尔纳. 媒体文化——介于现代与后现代之间的文化研究、认同性与政治[M]. 丁宁，译. 北京：商务印书馆，2004.

18. [美]菲利普·科特勒. 营销管理（第9版）[M]. 上海：上海人民出版社，1999.

19. [荷]盖叶尔·佐文. 社会控制论[M]. 黎鸣等，译. 北京：

华夏出版社，1989.

20. ［德］哈贝马斯. 公共领域的结构转型［M］. 曹卫东，王晚珏，刘北城，宋伟杰，译. 上海：学林出版社，1999.

21. ［加］哈罗德·伊尼斯. 传播的偏向［M］. 何道宽，译. 北京：中国人民大学出版社，2003.

22. ［美］赫伯特·席勒. 大众传播与美利坚帝国［M］. 刘晓红，译. 上海：上海译文出版社，2006.

23. ［美］杰姆逊. 后现代主义与文化理论［M］. 唐小兵，译. 北京：北京大学出版社，1997.

24. ［英］科林·斯巴克斯. 全球化、社会发展与大众媒体［M］. 刘舸，常怡如，译. 北京：社会科学文献出版社，2009.

25. ［美］卢瑟·S. 路德克. 构建美国：美国的社会与文化［M］. 王波等，译. 南京：江苏人民出版社，2006.

26. ［美］罗杰·菲德勒. 媒介形态变化：认识新媒介［M］. 明安香，译. 北京：华夏出版社，2000.

27. ［美］罗杰·菲德勒. 媒介形态变化［M］. 明安香，译. 北京：华夏出版社，2000.

28. ［美］罗兰·罗伯森. 全球化：社会理论与全球文化［M］. 梁光严，译. 上海：上海人民出版社，2000.

29. 马克思恩格斯全集（第 1 卷）［M］. 北京：人民出版社，1961.

30. ［加］马歇尔·麦克卢汉. 理解媒介：论人的延伸［M］. 何道宽，译. 北京：商务印书馆，2000.

31. ［美］迈克尔·埃默里，埃德温·埃默里. 美国新闻史：大众传播媒介解释史［M］. 展江，译. 北京：新华出版社，2009.

32. ［美］迈克尔·波特. 竞争优势［M］. 北京：华夏出版社，2005.

33. ［英］尼尔·T. 加文. 经济、媒体与公众知识［M］. 南昌：江西教育出版社，1990.

34. ［美］尼古拉斯·尼葛洛庞帝. 数字化生存［M］. 海口：海南出版社，1997.

35. ［英］尼古拉斯·阿伯克龙比. 电视与社会［M］. 张永喜等，译. 南京：南京大学出版社，2002.

36. ［英］尼克·史蒂文森. 认识媒介文化——社会理论与大众传播［M］. 北京：商务印书馆，2001.

37. ［美］乔纳森·特纳. 社会学理论的结构（上）［M］. 丘泽奇等，译. 北京：华夏出版社，2001.

38. ［美］斯蒂芬·李特约翰. 人类传播理论［M］. 史安斌，译. 北京：清华大学出版社，2004.

39. ［美］斯蒂文·小约翰. 传播理论［M］. 陈德民，叶晓辉，译. 北京：中国社会科学出版社，1999.

40. ［美］斯坦利·J. 巴伦. 大众传播概论——媒介认知与文化［M］. 刘鸿英，译. 北京：中国人民大学出版社，2005.

41. ［美］苏姗·泰勒·伊斯特曼. 电子媒介节目设计与运营战略与实践［M］. 谢新洲，译. 北京：北京大学出版社，2004.

42. ［英］阿诺德·约瑟夫·汤因比. 历史研究（上册）［M］. 曹未风等，译. 上海：上海人民出版社，1997.

43. ［美］威尔伯·施拉姆，W. 波特. 传播学概论［M］. 北京：北京大学出版社，2007.

44. ［美］威尔伯·施拉姆，威廉·波特. 传播学概论［M］. 北京：新华出版社，1984.

45. ［美］威尔伯·施拉姆. 大众传播媒介与社会发展［M］. 金燕宁等，译. 北京：华夏出版社，1990.

46. ［美］威尔伯·施拉姆. 人类传播史［M］. 游梓翔，吴韵仪，译. 台北：台湾远流出版公司，1994.

47. 沃纳·赛佛林，小詹姆斯·坦卡德. 传播理论：起源、方法与应用［M］. 郭镇之等，译. 北京：华夏出版社，1999.

48. ［美］希伦·A. 洛厄里，梅尔文·L. 德弗勒. 大众传播效果研究的里程碑：Media Effects［M］. 刘海龙等，译. 北京：中国人民大学出版社，2009.

49. ［美］雪莉·贝尔吉. 媒介与冲击［M］. 赵敬松，译. 大连：东北财经大学出版社，2000.

177

50. ［德］尤尔根·哈贝马斯. 哈贝马斯精粹（selected writings）
［M］. 曹卫东，选译. 南京：南京大学出版社，2009.

51. ［美］约瑟夫·R. 多米尼克. 大众传播动力学：数字时代
的媒介［M］. 蔡骐，译. 北京：中国人民大学出版社，2009.

52. ［美］约书亚·梅洛维茨. 消逝的地域［M］. 肖志军，译.
北京：清华大学出版社，2002.

53. ［英］詹姆斯·卡伦. 媒体与权力［M］. 史安斌，董关鹏，
译. 北京：清华大学出版社，2006.

54. ［美］詹姆斯·沃克，道格拉斯·弗格森. 美国广播电视产
业［M］. 陆地，赵丽颖，译. 北京：清华大学出版社，2005.

三、论文类

1. 鲍尔·洛基奇，郑朱泳、王斌编译. 从"媒介系统依赖"到
"传播机体"［J］. 国际新闻界，2004(2).

2. 曹璐. 船大更要好调头——从中央电台新闻综合频道改版
说起［J］. 中国广播电视学刊，2004(4).

3. 陈先红. 试论品牌传播的消费者导向原则［J］. 现代传播，
2002(1).

4. 单波. 现代传媒与社会、文化发展［J］. 现代传播，2004
(1).

5. 邓伟志. "和谐社会"浅说［J］. 上海大学学报，2005(2).

6. 邓忻忻. 类型化新闻广播模式与传播策略［J］. 中国广播，
2009(3).

7. 董高颉. 老年之声"窄播"化广播的实践与思考［J］. 中国广
播，2010(1).

8. 段京肃. 社会的阶层分化与媒介的控制权和使用权［J］. 厦
门大学学报，2004(1).

9. 韩伟. 欧、日手机广播方兴未艾［J］. 有线电视技术，2006
(7).

10. 胡占凡. 贯彻落实三贴近原则，积极推进广播事业的改革
和发展——在部分省、区、市广播发展年座谈会上的讲话［J］. 中

国广播，2003(11).

11. 胡占凡. 开创广播发展的新时代——胡占凡在国家广电总局北京交通广播工作现场会上的讲话[J]. 中国广播电视学刊，2004(2).

12. 胡正荣. 广播的产业结构调整及制度创新(下)[J]. 中国广播电视学刊，2003(8).

13. 黄焕明. 传媒——一种新的发展工具[J]. 出版，2004(10).

14. 黄升民，杨雪睿. 碎片化：品牌传播与大众传媒新趋势[J]. 现代传播，2005(6).

15. 江英. 改革与模式——珠江经济台开办引起的思考[J]. 广播电视学刊，1988(S1).

16. 金震茅. 手机广播：引领媒介时尚的"贴身媒体"[J]. 新媒体，2008(3).

17. 李雪昆，银河台. 打造最杰出的华语网络电台[J]. 中国新闻出版报，2007(5).

18. 林晖. 类型化——中国广播电视发展的必由之路[J]. 新闻记者，2001(9).

19. 林如鹏，曹鉴. 对外广播：全面优化，构建现代国际广播体系[J]. 中国广播电视学刊，2010(1).

20. 刘福瀛. 类型化电台的产生与发展[J]. 中国广播电视学刊，2005(12).

21. 陆地. 中国广播业面临的调整和机遇[J]. 中国广播，2005(7).

22. 吕尚彬. 后现代广告：人本观广告的新形态[J]. 新闻与传播评论，2002(2).

23. 罗以澄. 类型化：广播的市场突围之道[J]. 中国广播，2008(4).

24. 马彩虹. 中国交通广播发展历程[J]. 新闻知识，2009(4).

25. 沈健. 手机电台演进中的关注点[J]. 中国广播，2006(6).

26. 史敏. 入心出新，做最新闻广播——写在中国之声改版

100 天[J]. 中国广播，2009(6).

27. 宋滢，邱友益，吾英. 广播双向互动传播发展研究[J]. 新闻世界，2009(6).

28. 孙孔华，谭奋博. 频率专业化——广播与时俱进的必由之路[J]. 中国广播电视学刊，2002(10).

29. 孙雷军，裴建萍，刘逸帆. 春江正暖，央广启新程——专访中央人民广播电台台长王求[J]. 中国广播，2010(1).

30. 覃继红. 中国广播联盟——广播事业发展的大势所趋[J]. 视听界，2009(2).

31. 覃信刚. 类型化电台的定位[J]. 中国广播电视学刊，2008(6).

32. 王本锡. 谈广播节目创新[J]. 中国广播电视学刊，2002(2).

33. 王路. 小众的专业化路子走不通[J]. 视听纵横，2012(1).

34. 王明华. 走近现代传播——中国之声改版的实践与思考[J]. 中国广播电视学刊，2004(4).

35. 吴元栋. 空中红绿灯大有可为——沪交通台建台四周年研讨会侧记[J]. 新闻记者，1995(12).

36. 徐光春. 全面贯彻十六大精神，努力开创广播影视工作新局面——在2003年全国广播影视工作会议上的报告[J]. 中国广播电视学刊，2003(2).

37. 徐来见. 广播产业发展的瓶颈及对策[J]. 中国广播电视学刊，2006(6).

38. 徐蓉. 省级广播传媒与农村受众互动的研究[J]. 中国广播电视学刊，2006(12).

39. 杨利明. 试论电台手机广播业务面临的挑战与机遇[J]. 中国广播，2009(2).

40. 杨善民. 传播在社会整合中的作用探析[J]. 文史哲，1998(1).

41. 俞虹. 窄播——有线电视台自办节目的基本走向[J]. 中国广播电视学刊，1997(1).

42. 喻国明. 中国媒介产业的现实发展与未来趋势[J]. 中国人民大学学报, 2002(1).

43. 张晋升. 广播经营：用品牌说话[J]. 中国广播电视学刊, 2008(1).

44. 赵路平. 和谐社会中的媒介角色构建[J]. 传媒观察, 2005(4).

45. 赵路平等. 和谐社会中的媒介角色构建[J]. 传媒观察, 2005(4).

46. 赵楠楠. 广电总局领导痛陈节目低俗"撒娇"现象严重[J]. 京华时报, 2005(8)：A23.

47. 中华全国商业信息中心. 十一五及 2010 年我国消费品市场运行发展特点[J]. 现代商业, 2011(5).

48. 周小普. 从数字中看差距——对中国广播发展问题的思考[J]. 新闻与传播研究, 2011(2).

四、英文文献

1. An update on the Latest Digital Radio Development Worldwide for March 2005, ABU-Digital Radio, 2005.

2. An update on the Latest Digital Radio Development Worldwide for March 2006, ABU-Digital Radio, 2006.

3. Anthony Giddens. The Consequences of Modernity, Oxford ：Polity Press, 1990. Thomas Guback （ed.）. Counter Clock Wise：Perspectives on Communication, Dallas Smyhtel Bould：Westview Press, 1994.

4. Bandura, A. Aggression：A Social Learning Analysis. Englewood Cliffs, NJ：Prentice, Hall, 1973.

5. Blumler J. G. and Katz, E. （eds.）. The Uses of Mass Communications ：Current Perspective on Gratifications Research, Beverly Hills, Calif, 1974.

6. Collins R. Digital Radio in Europe：Technologies, Industries and Cultures, European Journal of Communication, 2011(3).

7. Comer John. Studying Media, Problems of Theory and Method, Edinburgh University Press, 1998.

8. Daniel Lerner. The Passing of Traditional Society: Modernizing the Middle East, Free Press of Glencoe, 1964.

9. Denis McQuail. Mass Communication Theory: An Conduction. The Third Edition. London SAGE Publication Ltd.

10. Fiske John. Television Culture, London, Methuen, 1987; Hall Stuart and Gieben Bram(eds.), 1992, Formation of Modernity, Cambridge, Polity Press, 1992.

11. Glenn T. Hubbard. Putting Radio Localism to the Test: An Experimental Study of Listener Responses to Locality of Origination and Ownership, Journal of Broadcasting and Electronic Media, 2010(3).

12. Hoggart. R. , Morgan. J. The Future of Broadcasting, Macmillan, 1982.

13. Kessler Ronald C, Milavsky J. Ronald, Rubens William S. Stipp Horst H. Television and Aggression, A Panel Study, New York : Academic Press, 1982.

14. Oscar H1 Gandy, Jr: Race, Ethnicity and Segmentation of Media Markets, in James Curran and Micheal Gurevitch (eds.) Mass Media and Society, London: Arnold Pub Corp. , 2000.

五、网络资源

1. 皮尤研究中心网站新闻业年度报告, http: // stateofthenewsmedia. org/.

2. 央视索福瑞 CSM 媒介研究, http: //www. csm. com. cn.

3. 中国新闻研究中心, http: //www. cddc. net.

4. CNNIC 中国互联网络信息中心网站, http: //www. cnnic. cn/.

5. 国家广播电影电视总局网站, http: //www. sarft. gov. cn.

6. 中央人民广播电台网站, http: //www. cnr. cn.

7. 央广广播电视网络台银河台, http: //radio. cnr. cn/.

8. 天津广播网，http：//www. radiotj. com/.

9. 北京广播网，http：//www. rbc. cn.

10. 上海文广传媒，http：//www. smg. cn.

11. 广东广播在线，http：//www. rgd. com. cn/.

12. 浙江网络电视台，http：//tv. cztv. com/broadcast/.

13. 青檬网络电台，http：//www. qmoon. net.

14. 天津文化产业网，http：//www. tjwhcy. gov. cn.

15. 湖北网络广播电视台，http：//www. hbtv. com. cn.

16. 新浪微电台，http：//radio. weibo. com.

17. BBC 英国广播公司网站，www. bbc. co. uk/.

18. 美国广播协会，http：//www. nab. org.

附　　录

附录 A

表 A1　中央人民广播电台第一套节目时间表(1978 年 11 月 6 日起实行)

时　间	节　　目	
4:00	合唱《东方红》,预告节目	
4:15	简明新闻	
4:20	音乐	
4:40	戏曲	
5:00	新闻	
5:15	广播体操	
5:30	对农村广播	
6:00	阅读和欣赏(周一、周五,到 6:30)	音乐(周二、周三、周四、周六、周日)
6:15	祖国各地(周二、周四、周六)	
6:30	新闻和报纸摘要	
7:00	阅读和欣赏(周三、周日,到 7:30)	音乐(周一、周二、周四、周五、周六)
7:15	讲卫生(周二、周四、周六)	戏曲(周一、周五)
7:30	解放军生活	
8:00	学习节目	
8:20	音乐(周一、周三、周四)	文学(周二、周五、周六)　曲艺(周日)

184

时　间	节　　目	
8:30	戏曲(周一、周五)	音乐(周二、周四)
8:55	简明新闻(周一至周六)	文学(周三、周六)
9:00	音乐(周一、周四、周六)	文学、曲艺(周二、周五)　戏曲(周三、周日)
10:00	对学龄前儿童广播《小喇叭》(周一至周六)	星期音乐会(周日至11:00)
10:20	对少年儿童广播《星星火炬》(周一至周六)	
10:40	文学(周一、周四)	戏曲(周二、周六) 音乐(周三、周五)
11:00	国际新闻	
11:15	科学知识	
11:30	对工人广播	
11:50	简明新闻	
11:55	预告节目	
12:00	国际时事	
12:15	新闻	
12:30	小说连续广播	
13:00	体育节目	
13:15	农业科学技术(周一至周六)	音乐(周日)
13:30	戏曲(周一、周四)	音乐(周二、周六,周二至14:00)　电影、话剧(周三、周五)文艺(周日)
15:40	青年节目(周二除外)	
16:00	新闻(周二除外)	
16:15	工业产品介绍(周二除外)	

续表

时　间	节　目	
16:20	对学龄前儿童广播《小喇叭》(周二除外)	
16:40	对少年儿童广播《星星火炬》(周二除外)	(周二16:55合唱《东方红》,预告节目)
17:00	预告节目	
17:15	祖国各地(周一、周二、周四、周六)	世界各地(周三、周五、周日)
17:30	教唱歌曲、音乐(周六除外)	戏曲(周六)
18:00	新闻	
18:15	文学、曲艺(周一、周四)	戏曲(周三、周六)　音乐(周二、周五、周日)
18:30	解放军生活(周六除外)	
19:00	科学知识(周六除外)	
19:15	音乐(周一至周六)	文学(周日,到20:00)
19:30	对农村广播(周一至周六)	
20:00	各地人民广播电台联播节目	
20:30	文艺(周六、周日到23:00)	文学、曲艺(周一、周四、周六,周六隔周一次) 戏曲(周二、周六) 音乐(周三) 听众点播的音乐节目(周五) 音乐厅(周日至22:00)
21:00	青年节目(周一至周五)	周一、周五(对上山下乡知识青年广播)
21:20	学习节目(周一至周五)	
21:35	简明新闻(周一至周五)	
21:40	京剧选段(周一、周三、周五)	地方戏选段(周二、周四)

续表

时　间	节　目	
22:00	对工人广播(周一至周五)	戏曲(周日至23:00)
22:20	工业产品介绍(周一至周五)	
22:25	简明新闻	
22:30	音乐(周一、周四)	文学、曲艺(周二、周五)　戏曲(周三)
23:00	国际新闻	
23:15	戏曲(周一、周五)	音乐(周二、周四、周六)　文学(周三、周日)
0:00	新闻	
0:15	文学、曲艺(周一、周四)	戏曲(周三、周六)　音乐(周二、周五、周日)
1:00	新闻	
1:15	音乐	
1:30	《国际歌》	
1:35	播音结束	

表 A2　　中央人民广播电台第一套节目时间表(1994 年)

时　间	节　目
4:00	《国歌》(乐曲),预告节目
4:05	新闻
4:15	民族器乐曲
4:30	名曲欣赏
5:00	新闻
5:10	军事生活
5:25	广告

时　间	节	目
5：30	中央农业广播电视学校课程(周二除外)	广播歌选(周二)
6：00	新闻	
6：05	对农村广播	
6：20	广告	
6：30	新闻和报纸摘要	
7：00	新闻纵横	
7：30	天气预报 节目介绍(周一至周六)	每周一歌(周日)
7：40	环球信息	
8：00	新闻(周一至周六)	星期日广播英语(周日至8：30)
8：05	九州巡礼(周日除外)	
8：20	外汇牌价(周日除外)	
8：25	广告(周日除外)	
8：30	新闻和报纸摘要	
9：00	新闻 空中大舞台	
10：00	新闻(周一至周六)	音乐(周日至11：00)
10：15	小喇叭(周日除外)	
10：30	今日报道(周二至周六)	星期日广播英语(周一)
11：00	新闻(周一至周六)	周日新观察(周日至11：30)
11：10	轻音乐(周日除外)	
11：20	信息之窗(周日除外)	
11：30	广播剧和小说连播	
11：55	广告	

时　　间	节　　目	
12:00	午间半小时(12:00插播5分钟新闻)	
12:30	体育节目	
13:00	新闻	
13:05	439播音室	
13:50	空中信息	
14:00	新闻(周二、周日除外)	家教向导(周日至14:30)
14:10	外国音乐(周二、周日除外)	
14:25	广告(周二、周日除外)	
14:30	中央农业广播电视学校课程(周二除外)	
15:00	新闻(周二除外)	
15:10	音乐精品(周二、周日除外)	听众与广播(周日)
15:30	广播讲座(周二、周日除外)	彩虹桥(周日至16:30)
16:00	新闻(周二、周日除外)	
16:05	九州巡礼(周二、周日除外)	
16:20	广告(周二、周日除外)	
16:25	戏曲选粹(周一、周三、周五)	阅读和欣赏(周四、周六) 星期音乐会(周日,16:30开始)
16:45	法制园地(周二、周日除外)	周二16:55《国歌》(乐曲),预告节目
17:00	股市传真(周日除外)	
17:15	民族大家庭(周日除外)	
17:30	小喇叭(周日除外)	
17:45	星星火炬(周日除外)	

时　间	节　目	
18:00	新闻	
18:05	军事生活	
18:20	节目介绍	
18:25	广告	
18:30	各地人民广播电台联播节目	
19:00	新闻纵横	
19:20	天气 海况预报 广告	
19:30	法制园地	
19:45	对农村广播	
20:00	各地人民广播电台联播节目	
20:30	今晚八点半(21:00 插播 5 分钟新闻)	
21:30	经济与社会(周一至周六)	每周一歌(周日至 21:40) 音乐(周日从 21:40 开始)
21:45	体育节目(22:00 插播 5 分钟新闻)	
22:15	广播函授英语(周一、周三、周五)	商业英语(周二、周四、周六) 体育沙龙(周日至 0:00)
22:45	音乐大世界(165 分钟)(周一至周六)(周日,从 0:10 开始)	
23:00	国际新闻(10 分钟)	
0:00	全天要闻简报(10 分钟)	
1:00	国际新闻(10 分钟)	
1:30	《歌唱祖国》(乐曲),播音结束	

表 A3　　中央人民广播电台中国之声节目时间表（2009 年）

时　　间	节　　目	
00:00	千里共良宵	
02:00	守望黎明（周一至周五 02:00～04:00	（周末 02:00～04:30）
04:00	祥康健康快车（周一至周五）	
04:30	中央农业广播学校	
05:00	养生大讲堂	
06:00	国防时空（周一至周五）	信息之窗（周末）
06:30	新闻和报纸摘要	
07:00	新闻纵横	
08:00	央广新闻	
09:00	《新闻和报纸摘要》更新版	
09:30	央广新闻	
12:00	全球华语广播网	
13:00	央广新闻	
18:30	全国新闻联播	
19:00	央广新闻	
20:00	直播中国（含天天福彩）	
20:35	小喇叭	
21:00	新闻观潮（周一至周六）	环球军事 60 分（周末）
22:00	今晚听吧（周一至周五）	体育沙龙（周六）　冬吴相对论（周日）
23:00	国学堂（周末）	神州夜航（周一至周五）

附录 B

湖北电台《焦点时刻》系列报道《与打工者同行》文稿之一

今天是农历春节的最后一天，也是合家团圆的元宵节。外出的农民工他们身在异乡还好吗？他们又会如何度过这一传统佳节？系列报道《与打工者同行》，今天请听第四篇《他乡的元宵节》：

我是湖北之声记者某某，现在位于深圳市宝安区公明镇上村，身后是一大片私房。潜江来的张强夫妇和很多打工者都租住在这里，不到 10 平米的空间每月租金 300 元，厨房、卫生间之外还得摆下一张双人床，转个身都困难。

妻子何美凤在服装厂上班，每天工作 10 多个小时，一周只休息一天，忙得没时间做饭。张强在一家电子厂上班，每天在外面吃快餐。去年老家盖了栋楼，欠下 7 万多元的债，节节攀升的物价让张强每月 3000 多元的工资捉襟见肘：

【出录音】因为大家都吃快餐嘛，前年是 5 块，去年是 8 块，今年指不定是 10 块了。

今天是元宵节，张强打算在家里吃顿团圆饭，带妻子去看灯会，明天再去人才市场看看有没有更好的工作。

【出录音】正月十五都要放假，不如玩一下，看灯呐，很热闹很热闹的，每个工业园都有。

我是湖北之声记者某某，现在位于温州市永嘉县瓯北工业区王家坞村打工者集中租住的私房里。今天是正月十五元宵节，对于阳新打工者谭协春一家来说却是新年工作和学习的正式开始。

【谭：珍珍，我们去报名吧？

珍珍：好！

谭：走！

珍珍：我要背书包。】

6 点半，丈夫就骑摩托车送 12 岁的儿子去学校早自习了。7 点，谭协春把 6 岁的女儿梳洗妥当，准备带她去附近的王家圩幼儿园报名缴费。听说晚上可以看花灯，小家伙兴奋得一路走一路念着儿歌。

【出儿歌压混，小兔子，路上走】

小谭告诉我，开学两个孩子的学费加起来要3000多元，加上房租水电一个月400元，每个月日常开销2400元左右，夫妻俩打工挣的钱基本上得花去大半。但是，看到以前在老家孤僻内向的孩子现在变得开朗爱笑，他们觉得把孩子带在身边打工的辛苦很值得。

【出录音】开销肯定比两个人要大得多，但我们打工也都是为了孩子，挣再多的钱比不上父母给孩子的爱。

我是湖北之声记者某某，现在位于天津市西青区辛口镇的天津斯格威精密压铸五金有限公司，团风县淋山河镇付坳村村民董福元就在这里打工。

这家公司只有两个生产车站、两间仓库和一栋三层宿舍楼。董福元和老伴住在一间不到15平米的宿舍里。房间内只有两张高低床，中间一张大的用来睡觉，靠门一张小的用来摆放简单的生活用具。

工厂附近是农田和其他的厂房，周围连个超市都没有。唯一通往市区的公交线路来回得近3个小时。

【出录音】去年，我们村一共来了40多个人，都是年轻人，今年都不来了，不好玩。

今天是元宵节，但厂里不放假。董福元准备下班后和老伴去买点汤圆，再跟家里的儿女打个电话。

【出录音】肯定想家，有什么办法呢，不出来挣不到钱。

今年61岁的董福元说，像他这个年纪有份每月2000多元的工作很不错了，今年要是再涨点工资，他就心满意足了。

后　记

路漫漫其修远兮，吾将上下而求索。本书的课题来自我攻读博士阶段的研究。2008 年，在电台工作 2 年的我，考回武汉大学开始了半工半读的博士生涯。因为工作关系，我将研究视角聚焦到广播与中国转型期社会的互动关系上。自 2009 年年初步构思至成文，历时 4 年。其间，收集、查找资料，调整修改，最终成文，饱含心血。

广播，曾经是几代人的成长记忆，却在社会转型发展的过程中，渐渐退居清冷的角落，虽然在新世纪呈现复兴与繁荣的迹象，但仍旧是步履艰难。广播，被称为"弱势媒体"，做广播人是寂寞的，做一个广播研究者也同样寂寞，目前国内外对广播的研究和观察远远弱于对电视和新媒体的关注，但是，广播作为最古老的电子媒体仍然具有长久的生命力和研究价值。

本书站在传播学与社会学的视角，对广播与改革开放 30 多年来中国社会政策沿革、经济发展、社会结构、技术进步等因素的互动及其机制调适进行研究，探讨广播未来发展的可能性。广播发展趋势与社会发展关系问题的研究实际上根植于对传播与发展这对存在于人类历史进程中的恒久关系范畴的研究。从社会变迁理论来说，社会结构、社会行为的模式无时无刻不在发生着变化，这种变化，特别是社会行为在文化环境中产生，工业革命之后，新闻传播作为现代性的合理性实践的一部分，越来越植根于人的普遍的物质交往与精神交往需要之中，对社会文化发展产生着重要的影响，传媒也因此被视为社会变迁的工具。改革开放后的中国正经历着前所未有的社会转型，广播也在寻找着与之适应的"独特"发展道路，两者互动关系的研究和探索，对其他传统媒体发展具有借鉴作用。

　　书稿将要出版之际，感慨良多，学术研究本身的辛苦自不必说，半工半读中所遇艰辛旁人亦无法体会，所幸收获和成长让我欣然。感谢武汉大学新闻与传播学院王瀚东教授、单波教授、秦志希教授、张金海教授、吕尚彬教授，感谢武汉大学信息管理学院李纲教授，华中师范大学新闻传播学院刘九洲教授等各位专家在本书选题、写作过程中的指导、认可和中肯的建议。

　　感谢武汉大学出版社张琼、胡荣和所有为本书出版辛勤工作的编辑们。

　　感谢帮助过我、支持过我的湖北电台同事、朋友们。

　　感谢我的家人，年幼的孩子，在我无法陪伴他们的时候给予了我最多的理解、包容和支持。

　　最后，要感谢我的母亲，没有她就没有今天的我。成长的道路纵然艰难，母亲始终是我最坚定的支持者和前行动力，教给我朴素的道理，永远给我最好的鼓励。这本书献给她。

　　书中的疏漏与不足之处，敬请谅解！

丁　洁

2015 年 9 月 25 日于武汉